기독교대한감리회
「교리^{敎理}와 장정^{章程}」의 역사

교리와 제도의 변화 중심으로

전성성 지음

추천의 글

교리와 장정에 대한 지식은 감리회 목회자들에게는 반드시 지켜야 할 예의 같은 것입니다. 이를 소중하게 여기지 않으면 은연중에 감리회의 정신과 전통을 간과하게 됩니다. 물론 교리와 장정은 불변하는 복음 그 자체가 아니라 복음을 섬기기 위해 존재하는 것입니다. 따라서 교리와 장정은 복음을 위해서 변화하는 시대 속에서 늘 새롭게 해석되어 왔으며 앞으로도 새롭게 해석되어야 합니다.

이러한 의미에서 「교리와 장정의 역사」는 가히 추천할 만한 책입니다. 전문서적이 전무한 이 분야에 양질의 연구서가 등장한 것은 참으로 기뻐할 일입니다. 전 목사님은 감리교신학원과 목회아카데미, 그리고 목원대학 신학대학과 대학원에서 교리와 장정 과목을 20여 년간 가르치신 분입니다. 연회 총무로서 목회 현장에서도 일하셨습니다. 따라서 이 책에는 축적된 현장 경험과 상아탑의 날카로운 지성이 녹아 있습니다. 특히 교리와 장정의 역사를 시대적으로 구분해 정리했기에 독자들이 일목요연하게 그 역사와 정신을 파악할 수 있습니다. 아무쪼록 저자의 소망처럼 이 귀한 책이 닿는 곳마다 새로운 변화의 싹이 돋아나기를 간절하게 소망합니다.

이호문 감독(감리교신학원 목회아카데미 원장)

3

머리말

    기독교대한감리회 기관인 감리교신학원(심방전도사 양성)과 목원대학교(학부와 대학원) 그리고 감리교목회아카데미(협동목사 양성기관)에서 기독교대한감리회 「교리와 장정」 과목을 20여 년 동안 강의한 것이 이 책을 쓸 기회였다. 교리와 장정의 과목을 강의하면서 감리회에 대한 긍지와 자부심을 가지는 한편, 우리가 믿는 교리와 또 지켜야 할 규칙인 장정의 제도 변화에 대한 관심도 높아갔다. '교리와 장정'의 제정 목적은 「교리와 장정」에서 밝히듯이 "교인들을 올바로 훈련하고 이끌어 감리교회를 부흥 발전하고자 함"이기 때문이다. 그럼에도 오늘의 교회는 이를 너무나 관심 밖에 두고 있어 큰 아쉬움이 있다.

    1930년 기독교조선감리회로 출범한 기독교대한감리회는, 77년째 되는 2007년에 「교리와 장정」(총회 21회, 특별총회 6회, 임시총회 2회)을 27번째 발행하였다. 이는 감리회가 새롭게 변화하는 시대에 걸맞은 새로운 법을 제정함으로 "예수 그리스도께서 우리에게 위탁하신 복음을 전파하여 온 민족과 세상을 구원하고 복음을 통해 개인, 가정, 사회, 국가를 변혁하는 일"을 감당하고자 하는 열정에서 온 결과다. 또 이를 위하여 각 연회에서 선출된 총회 대표들이 27회나 모여 복음의 사명을 잘 수행하겠다는 각오로 그 많은 시간과 재정을 들여 복음 전파의 보고인 교리와 장정을 개정해 왔다. 이 같은 인식이 이 책을 써야 한다는 동기였음이 분명하다. 그러기에 이 책을 집필하게 되었다. 이는 작은 시작에 불과하다. 하나의 씨가 되어 더 많은 열매를 거두어야 할 분야들이 많다는 의미에서 그렇다.

이 책은 교인들을 훈련해야 할 목회자들과 신학도는 물론 감리교회를 사랑하고 그리스도를 따르는 모든 믿는 자들에게 필수적인 책이라 여기면서 시대적으로 교리와 장정의 역사를 정리한 것이다. 즉 기독교조선감리회가 탄생하기 이전(1890~1929)과 그 이후(1930~1945), 해방 후 연회장 제도(1946~1974)와 다원제 감독제(1975~1985), 감리회 신앙고백(1986~1997)과 21세기의 감리교회로 구분하였다.

감사해야 할 분들이 머리에 가득하다. 특별히 이 책의 귀중함을 아시고 출판을 허락해 주신 출판국(도서출판 kmc) 김광덕 총무님과 편집실에게 감사의 말씀을 전한다. 이 책이 닿는 곳에 감리회의 새로운 변화의 싹이 돋아났으면 하는 마음이다.

2010년 10월

전성성

차례

감
리
회
신 2
앙 1
고 세
백 기
후 선
와 교

        체
        제

시작하는 글

  기독교대한감리회는 1885년 미국 감리교회 아펜젤러(H.G. Apenzeller)
선교사가 인천에 입국하면서 한국 선교가 시작(남감리교회는 1995년에
입국)되었고, 그로부터 2010년에 한국 선교 125주년을 맞게 되었다.

  아펜젤러 선교사가 입국한 당시, 한국은 이조 시대 말이어서 왕권
체제의 붕괴와 외세 침략으로 정세가 불안한 상태였다. 그 후 감리교
회는 한일병합조약(1910년)과 함께 일본의 통치 하에서 종교 활동에
어려움을 겪었고, 우리 힘이 아닌 외부 세력에 의해 해방(1945년)을
맞았다. 또 1950년 6·25 전쟁과 1960년대부터 시작된 군사 혁명, 그
리고 군사 정권으로 이어지면서 우리 사회는 큰 변화의 시대를 맞았
다. 그런 가운데서도 한국의 미감리교회와 남감리교회는 각기 다른
'교리와 제도', 또 모교회(미국의 두 감리교회)와의 모든 어려움을 극
복하고 1930년에 '기독교조선감리회'라는 이름으로 합동을 선언하
였다. 이로써 한국 감리교회의 역사에 새로운 틀이 마련되게 되었다.
'예수 그리스도의 지상 명령을 수행하기 위하여 하나가 되었다'는
이 역사적인 기록은 길이 기억될 사건이자 우리 모두의 자랑이다. 더
욱이 이를 계기로 미국 감리교회까지 합동하게 되었다는 사실은 한
국 감리교회의 긍지이기도 하다.

  1930년 합동할 당시, 기독교조선감리회는 '예수 그리스도께서 위

탁하신 복음을 전파하여 온 민족과 세상을 구원' 하는 사명을 감당하고자 우리가 믿는 신앙인 교리(敎理)와 우리가 지켜야 할 규칙이요 법인 장정(章程)을 제정하였다. 그 이후 감리교회는 여러 차례 총회를 거치면서 그 시대에 걸맞는 교리와 장정을 개정하여 그리스도의 몸 된 교회의 부흥 발전을 위하여 총력을 다하였다. 이런 점에서 기독교대한감리회의 교리의 변화와 제도의 변화에 대하여 역사적으로 정리할 필요성이 있다. 교리와 장정의 역사를 통해 나타난 교리 변화와 제도 변화에 대해 살펴보는 것이, 주께서 우리에게 맡기신 복음 선포의 사명(使命)을 잘 계획하고 완수하는데 좋은 길잡이가 된다고 믿기 때문이다.

기독교대한감리회는 어느 시대 어느 장소에서든 하나님의 부르심을 받은 사람들이 모여 예배하고 양육하며 성도의 교제를 통하여 하나님 나라의 일을 도모하는 신앙 공동체(교회)로서 세상 속으로 흩어져 전도하고 봉사하며 구제하는 일을 감당해 왔다. 이들은 예배를 통해 하나님께 신앙을 고백하고, 삶의 자리에서 복음을 증거하고자 제도를 변화시키기에 이른다.

'교리와 장정' 에서 정리한 기독교대한감리회의 역사 구분에 의하면 1870년부터 1930년(합동)까지를 '미선교부 시대' (미감리회 · 남감리회)라고 이름하고 있다. 이때는 선교사들에 의해 감리교회가 운영되었다는 말이다. 그리고 이는 한국의 미감리교회와 남감리교회가 본국인 미감리회와 남감리회의 교리와 장정에서 발췌한 내용을 가지고 우리말로 '교리와 장정' 을 발행(미감리교회 4회, 남감리교회 3회)하여 한국 감리교회를 이끌었다는 사실을 말해 준다. 이런 점에서 1930년 기독교조선감리회 총회에서 결의하여 발행(1931년 판)한 '교리와 장정' 이 감리회 최초의 교리요 장정이다. 이로부터 기독교대한감리회의 교리와 장정은 2007년 현재 27번째(21회 총회, 6회 특별총회, 2회 임시총회) 발행에 이른다.

이 책은 크게 여섯 부문으로 구분되었다. 그 구분 내용을 보면 기독교조선감리회가 탄생하기 이전(1890~1929)과 그 이후(1930~1945), 그리고 해방 후 연회장 제도(1946~1974)와 다원제 감독제(1975~1985), 감리회 신앙고백(1986~1997)과 21세기의 감리교회(1998~2010)다.

합동 이전의
미·남 감리교회
(1870~1929)

I. 합동 이전의
미·남 감리교회(1870~1929)

한국 땅에 두 감리교회(미감리회와 남감리회)가 전래된 과정을 보면 공통된 점이 있다. 그 하나는 두 감리교회의 한국 선교가 한국인과의 관계에서 시작되었다는 점이다. 미감리교회의 경우는 미국을 방문 중이었던 외교사절단 단장 민영익과 볼티모아연회 소속인 가우처(John F. Goucher)와의 만남이었고, 남감리교회의 경우는 미국을 유학하는 개화파 지도자 윤치호가 남감리회에 한국 선교를 요청하였다는 점이다. 두 번째 공통점은 두 감리교회의 선교사들이 소속한 모교회의 연장 사업으로 '교리와 장정'을 우리말로 번역하여 운영하였다는 점이다. 이는 1885년에 입국한 아펜젤러 선교사가 소속한 미감리교회에서 발행한 '미이미교회 강례'(1890년), '대강령과 규칙'(1910년), '교리와 도례'(1921년), '법전'(1923년), 그리고 1895년에 내한한 리드(C.F. Reid) 선교사가 소속한 남감리교회에서 발행한 '장정'(1899년), '장정 규칙'(1915년), '도리 급 장정'(1919년)[1] 등이 이를 잘 말해 준다.

이 장에서는 미·남 감리교회의 전래와 교리, 그리고 장정의 제도 상의 특징에 대해 살피면서 두 감리교회가 합동할 당시 기독교조선

감리회의 교리와 제도에 미친 부분을 알고자 한다. 아래 글은 미·남 감리교회가 초기 한국 선교를 위하여 '교리와 규칙'을 발행하면서 서문에서 교인들에게 그 필요성을 강조한 내용이다.[2]

미감리교회 '대강령과 규칙' (1910년)의 서문

지극히 사랑하는 형제여 우리 교회의 도리와 규칙을 기재한 바 이 책을 여러분께 소개하는 것이 우리의 직책이오, 특권이오니 이는 **하나님의 말씀에 일치가 되는 줄 믿으며** 또한 믿음과 실행함에 대하여 다만 흡족한 장정으로 믿느니라. 그러하나 교회에 이 장정을 주께서 자유로 주사 여러 경력으로 가르치며 또한 상고와 근래의 교회를 연구하야 때때로 변개함은 처음에 창립함으로부터 끝까지 보전코자 함이라.

남감리교회 '도리와 장정' (1919년)의 서문

다년간 경험함으로써 편성된 우리 장정을 우리 교회의 교우되시는 제씨에게 보시라고 권면함은 우리의 의무와 특권으로 여기느니라. 우리는 이 적은 책이 감리교인의 가정마다 있는 것 보기를 원하는데 더욱 그러한 이유는 개중에 세계상 개신교회에서 다소간 몇 부분이나 혹 전부를 채용하는 종교의 강령이 포함하였음이외다. 제씨들이 우리의 교리 중에서 어느 것이나 장정에 어떠한 부분이던지 모르기를 절대적으로 원치 아니하여 우리는 제씨들이 알고 표하고 배워 그 전부를 심중에 용화시키기를 희망하며 **하나님의 말씀 다음에는** 제씨의 부속한 교회의 강령과 유례를 가지는 것이 당연하다 합니다.

여기서 교리와 장정의 발행에 대해 미감리교회는 '하나님의 말씀과 일치가 되는 줄 믿으며 믿음과 실행함에 대하여 흡족하다'고 강조하는 한편, 남감리교회는 '하나님의 말씀 다음에 가지는 것이 당연하다' 며 그 중요성을 언급하고 있다.

1. 미·남 감리교회의 전래와 교리

두 감리교회가 한국에 전래될 당시의 국내 상황은 교리와 장정의 역사 서문에서 밝힌 대로 '전통 종교로는 영적인 갈증을 해소시킬 수 없는 상태' 였고, 이런 상황에서 전래된 두 감리교회는 한국 땅에 '복음 전파로 새로운 역사의 원동력' 이 되었다. 이에 대하여 잘 설명하고 있는 다음의 글을 보자.

> 선교사 중심의 선교 시대, 즉 '선교 신탁 시대' (宣敎信託時代)라고 말할 수 있다. 요즘 사람들은 '신탁' 이라는 말을 싫어하지만 실제 그 당시는 선교 신탁 시대였다. 선교사들이 복음과 지식, 돈을 가지고 들어와 교회와 학교는 물론 병원까지 세워 한국 사람들을 기르고 가르쳐서 미래의 일꾼을 삼으려고 투자했다. 그것이 40여 년 동안 계속된 것이다.
>
> 그 당시 평양의 남산교회는 대부분 교인들의 헌금으로 지어졌고, 기타 교회들은 선교사들이 건축했으며, 학교 역시 선교사들이 직접 교사(校舍)를 짓고 가르치는 미션 스쿨(Mission School)이었던 것이 이를 증명하고 있다.
>
> 서울의 이화학당, 배재학당, 배화학당, 개성의 호수돈학교, 원산의 루시학교가 그 예로 선교사들이 45년 동안 교장을 지낸 그야말로 선교, 교육 모두 신탁 시대였다.[3]

1866년에 미국 소속 상선 제너럴 셔먼호(the general sherman)가 평양 대동강에 입항하려 하였으나 쇄국 정책에 의해 거절당했음에도 불응하므로 조정과 격돌하여 끝내 서면호는 침몰되었다. 이에 미국은 1871년에 강화도를 폭격하여 조선군에 많은 전사자와 부상자를 내고 40일 만에 돌아갔다. 이를 '신미양요'라고 한다. 이때 서면호에 통역관으로 탑승했던 영국 런던교회 소속 북경 주재 토마스 선교사가 순교하였다. 그러나 신미양요로 인해 대원군의 쇄국 정치는 더욱 확고해졌고, 천주교인들이 미국인들과 내통한다는 소문이 난무하면서 장차 체결될 한미수호조약 과정에서 기독교의 금교(禁敎)를 주장하는 계기가 되기도 했다. 1873년에 쇄국 정책을 강조했던 대원군이 실각하였고, 1882년 5월 22일에 한미수호통상조약이 체결되었다. 이 체결에 앞서 조선 정부는 협상 조문에 금교의 사항을 넣고자 하였으나 막바지에 삭제되었다. 민경배는 통상조약 체결 내용을 다음과 같이 요약하였다.

> 그러나 막바지에 이르러 금교에 관한 조항은 삭제되었고, 양국의 우호 관계를 지속하며 제3국으로부터 위급한 경우를 당할 경우 서로 돕는다는 조문을 비롯하여 영사의 교환, 해난자의 보호, 치외법권, 관세, 거주권, 아편의 금수, 미곡·홍삼의 수출 금지, 무기 밀수입의 금지, 범죄 수사와 범인의 체포, 문화 교류, 최혜국(最惠國) 대우를 상호한다는 조항들이 합의되었다. 외국 종교의 전도나 금교를 언급한 문귀는 하나도 없었다. 단지 피차의 나라에 학생들을 왕래하도록 하여 학문이나 문화 예술을 비롯한 언어, 예술을 학습하도록 하고 협조하여 우의를 돈독히 하도록 한다는 글이 문화 관계에 언급된 유일한 것이었다.[4]

여기서 우리는 이와 같은 당시의 상황이 미·남 감리교회의 한국 전래에 직간접으로 영향을 주었음을 확인할 수 있다. 다음 글은 한미사절단 단장이었던 보수파 인물 민영익이 1885년에 캐나다 선교사 게일을 만난 자리에서 한 말로, 그가 기독교에 관심이 있었음을 보여 준다.

> 한국을 위해 기도해 주시오. 다른 아무도 우리를 도와줄 수 없겠으나, 하나님 그분은 도와주실 수 있을 것입니다. 우리나라는 그 앞길이 불안합니다.5)

(1) 미·남 감리교회의 전래

미·남 감리교회가 한국 선교를 결정할 때 중요한 역할을 한 인물은, 미감리교회의 가우처(John F. Goucher) 박사와, 남감리교회의 윤치호(1865~1945) 박사다. 이들로 인하여 1885년에 미감리교회는 아펜젤러(H.G. Apenzeller) 선교사를, 1895년에 남감리교회는 리드(C.F. Reid. 李德) 선교사를 각각 한국 선교사로 파송하였고, 이들은 10년 간격으로 입국하였다.

1) 미감리교회 선교사의 내한과 초기 선교

1883년 한미사절단 단장인 민영익 일행이 미국의 철도를 이용하여 이동하던 중에 열차 안에서 가우처 박사와 만나게 됨으로써6) 한국 선교의 씨가 싹트게 되었다. 당시 미국은 대각성 운동(The Second Great Awakening)과 무디(Dwight L. Moody)의 부흥 운동으로 인해 해외 선교열이 높아져 많은 선교 단체들이 조직되고 감리교회에서도 두 선교회가 운영되고 있었는데, 그 내용을 보면 다음과 같다.

감리교회에서는 1818년 뉴욕 교역자대회에서 성서 및 선교회(The Bible and Missionary Society)를 조직하면서 본격적인 선교 활동이 시작되었다. 1819년 전국 총회에서 순수한 사업기관으로 감리교선교회 (The Missionary Society of the Methodist Episcopal Church)를 조직하여 아프리카, 남아메리카, 인도, 중국, 일본, 멕시코, 말레이시아와 불가리아에 선교 사업을 전개하고 있었다. 이러한 미감리교회의 선교 노력은 결국 은둔의 나라 한국에까지 진행될 수 있었던 것이다.[7]

이에 가우처 박사는 한국 선교에 대한 필요성을 여러 통로를 통해 알리는 한편,[8] 뉴욕에 있는 미감리회 선교부에 한국 선교를 위한 선교비로 2천 불을 기탁하기도 했다.[9] 뿐만 아니라 그 당시 일본 선교부 책임자이며 친구였던 매클레이 선교사에게 직접 한국을 방문해 선교 사업의 가능성과 그 실태를 파악해 줄 것을 요청하기도 했다.[10]

이에 매클레이는 1884년 6월 24일에 조선을 방문하여 의료와 교육 사업을 해도 좋다는 허락을 받아냈다. 이에 대한 다음의 기록을 보자.

매클레이의 조선 방문에서 선교 청원 역시 김옥균을 통해서 이루어졌다. 김옥균은 고종에게 일본에서의 감리회 활동 상황을 보고하고 기독교 수용의 필요성을 주장한 결과 의료와 교육 사업을 해도 좋다는 허락을 받아냈다. 비록 기독교 선교 활동을 해도 무방하다는 인정은 아니었지만, 부분적이나마 조선에서의 활동을 보장받았다는 것은 획기적인 일이었다.[11]

미국 해외선교부는 1884년에 한국 선교사로 아펜젤러 목사와 스크랜튼 의료 선교사를 파송하기로 결정하였다. 당시 조선은 1884년 12월 4일에 발생한 갑신정변의 실패로[12] 정국이 안정을 찾지 못하는 때였다. 1885년 4월 5일에 아펜젤러 부부가 제물포에 도착은 하였으나, 갑신정변으로 인해 민심이 좋지 않다는 이유로 입국 허가를 하지 않아 아펜젤러는 다시 일본으로 돌아가야 했다. 그 해 5월 30일이 되어서야 아펜젤러만이 서울에 입국하였고, 가족은 6월 20일에 내한하였다.

교육 사업을 통한 교회 설립 아펜젤러는 정부 당국으로부터 허락받은 교육과 의료 사업 방침에 따라 1885년 8월부터 학생 2명을 받아 영어를 가르쳤다. 그리고 고종 황제에게 학교 설립을 요청하여 입국한 다음해인 1886년 6월 8일에 남자 학교인 배재학당을[13] 열고 복음 전파를 위한 일에 열심을 다하였다. 스크랜튼 부인(M. F. Scranton)은 1886년 5월 31일에 여자 학교인 이화학당을 설립하였다. 미감리교회 선교사들은 학교가 세워지는 곳을 중심으로 교회를 세웠고, 또 교회가 세워진 곳에서 교육 기관을 운영하였는데 다음의 글과 표를 살펴보도록 하자.[14]

경성의 배재학당과 이화학당을 중심(베델교회, 지금의 정동교회)으로, 아현교회는 아현여학교를, 상동교회는 상동매일학교를, 동대문교회는 동대문매일학교를 운영하는 식으로 전국의 각 교회에 매일학교를 운영하였다. … 초기 선교사들에 의해 진행된 교육 운동에 자극받은 조선인들은 주체적으로 이 운동에 참여하였다. … 이와 같은 선교사들과 조선인들에 의한 교육 열의는 조선의 근대화에 기여한 바가 크다. 1930년도 통계를 살펴보면, 다음과 같은 발전을 보였음을 알 수 있다.

분 류	학 교 수	학 생 수
유 아 원	36	2,242
야 학 교	56	1,337
보 통 학 교(남)	44	5,904
보 통 학 교(여)	52	3,963
고등보통학교(남)	10	1,920
고등보통학교(여)	44	1,601
여 자 강 습 소	50	1,140

의료 사업을 통한 전도   의료 사업은 1885년에 내한한 스크랜튼 선교사에 의해 시작되었다. 그는 광혜원(1885년 4월에 개설, 알렌)에서 일하다가 1885년 9월 10일 정동에 민간 의료 기관인 진료소를 열었는데 이를 시병원(施病院)이라 불렀다. 이곳을 찾는 사람들은 주로 서민층이었다. 다음의 글을 보자.

> 우리가 상대해서 일한 사람들은 거의가 극빈자들이었으며 종종 버림받은 자들도 돌보아 주어야 했습니다. 특히 버림받은 사람들은 그 몸의 상태가 도저히 일할 수 없는 형편이 되었을 경우에는 치료받은 동시에 생활비 전체를 우리가 부담해야만 했습니다.[15)]

서민들을 대상으로 한 정동 진료소를 찾는 환자들이 갈수록 늘어가자 1888년에 아현(아오개) 진료소를 세웠고, 1889년에는 남대문 진료소(맥길 의료선교사, W.B. McGill)와 여성 병원인 보구여관(保救女館, 하워드가 개설, Meta Howard)을, 1892년에는 동대문 진료소(볼드윈 시약소라고도 칭함)를, 1894년에는 상동 진료소 등을 각각 개설하였다.

교회 성장과 조직　　미감리교회는 서울을 중심으로 교회가 설립되고 지방으로까지 활발하게 확산되어 가자, 1901년 5월 제17회 한국선교회에서 1개 지방 9개 구역에서 3개 지방 23개 구역으로 확장 조정하였다. 1905년 6월에는 제1회 한국선교연회가 개최되었고, 1908년 3월에는 제1회 한국연회가 정동교회에서 개최되었다. 다음은 미감리교회가 합동하기 전까지의 조선연회 조직표다.

미감리교회 조선연회 조직

회별	조직 연월일	회 장	서 기
1	1908. 3. 11	해리스 감독	베크 · 손승용
2	1909. 6. 23	해리스 감독	유영수 · 손승용
3	1910. 5. 11	해리스 감독	유영수 · 손승용
4	1911. 6. 21	해리스 감독	테일러 · 손승용
5	1912. 3. 5	해리스 감독	테일러 · 오기선
6	1913. 6. 6	피스포드 · 해리스	체일러 · 이경직
7	1914. 6. 4	루이스 · 해리스	베크 · 현석칠
8	1915. 4. 21	루이스 · 해리스	베크 · 김유순
9	1916. 3. 8	해리스	루프스 · 이하영
10	1917. 6. 20	웰취	베크 · 배형식
11	1918. 6. 19	웰취	베크 · 배형식
12	1919. 11. 6	웰취	아펜젤러 · 홍순탁
13	1920. 12. 20	웰취	아펜젤러 · 홍순탁
14	1921. 9. 28	웰취	아펜젤러 · 홍순탁
15	1922. 9. 27	웰취	아펜젤러 · 홍순탁
16	1923. 6. 10	웰취	사워 · 김창준

17	1924. 9. 17	워렌 감독	아펜젤러 · 김태현
18	1925. 6. 17	웰취 감독	사워 · 임응순
19	1926. 6. 23	웰취 감독	사워 · 홍순탁
20	1927. 6. 15	웰취 감독	사워 · 임응순
21	1928. 10. 3	베커	사워 · 김창준
22	1929. 6. 19	베커	사워 · 김창준
23	1930. 9. 24	베커	사워 · 이동욱

2) 남감리교회 선교사의 내한과 초기 선교

남감리교회의 한국 선교는 윤치호로부터 발아(發芽)되었다. 그는 상해 중서학원 재학 시절인 1887년 4월 3일 지도교수인 본넬(W. B. Bonnell) 목사로부터 세례를 받았다. 그 후 윤치호는 미국 에모리대학에서 공부를 마치고 상해 중서학원 교수로 오기 전, 가지고 있던 2백 달러를 에모리 총장에게 전하면서 한국에 학교를 세워 줄 것을 부탁했다. 이 같은 그의 간절한 소망이 이루어진 때는 1895년 10월이다. 윤치호는 한국 선교 탐방을 위해 서울에 온 중국 주재 선교사인 헨드릭스(Bishop E. R. Hendrix) 감독과 리드(E. F. Reid) 목사를 직접 영접하였고, 다음해인 1896년 5월에 리드가 다시 내한하면서 남감리회 한국 선교는 본격적으로 시작되었다. 1896년 가을에는 콜리어(C. T. Collyer)가 남감리회 한국 선교사로 임명을 받고 다음해부터 송도 지역에서 전도 활동을 하였다.

교육 사업을 통한 전도 남감리교회의 교육 사업은 1897년 10월에 내한한 캠벨(J.P. Campbell) 부인이 세운 배화학당(1903년 12월 2일에 인가 받음)의 전신인 노스캐롤리나학당에서부터다. 1928년에 배화학당은 보통과(475명)와 고등과(187명)로 발전해 나갔다.

남감리교회 여선교부의 후원을 받아, 원산 지역에 1903년 11월 19일 루시학당(교장, Miss Arrena Carroll)이 설립되었다. 이 학교는 1928년에 유치원(80명)과 초등학교(327명), 고등학교(145명)까지 운영하는 학교로 성장하였다. 또 캐롤(Miss Arrena Carroll) 선교사가 중심이 되어 1904년 12월 4일에 개성에 '개성여학교'를 세웠다. 그 후 이 학교는 1909년 4월에 미국 홀스톤 지방회의 보조를 받아 학교를 건축하고 '호수돈여학교'라고 개명하였다. 이 학교는 여성 교육에 선구적인 역할을 감당하였다.[16)]

의료 사업을 통한 전도　초기 선교사들의 활동은 정부로부터 교육과 의료 사업으로 허락받은 상태였기에 제한적이어서 이들 사업을 통한 간접적인 선교에 중점을 둘 수밖에 없었다. 그러나 남감리교회 선교사들이 입국할 당시는 이미 교회가 각처에 설립되고 또 전도도 실시하던 때인지라 의료 사업을 통한 전도를 직접 실시하여 많은 성과를 거두었다. 아이비병원(Ivey Hospital)에서[17)] 의료 선교를 하던 리드 선교사의 글을 보자.

한 여인이 봄에 아이비병원에서 수술을 받은 뒤, 병상에서 몇 주일을 보냈다. 이 기간 동안 그녀는 복음의 소식을 듣게 되었고 기독교인이 되기로 작정했다. 그녀 자신이 그리스도에 대한 충성심과 믿음의 감화가 깊은 고백을 나타낸 것은 물론이요, 집에 돌아가 가족까지 개종시켰다. 그녀의 간증으로 가족 8인은 기독교인이 되었으며, 이들은 그 마을에 복음을 전하기 위해 자신의 집에서 예배를 드렸다. 이것을 토대로 36명의 기독교인이 생겼으며 그들은 교회를 지었다.[18)]

남감리교회의 의료 사업은 1889년 캐나다에서 파송을 받은 하디(R. A. Hardie. 河鯉泳)가 1891년 부산에서 의료 사업을 하다가 1892년에 원산으로 옮겨 가면서 진행되었다. 하디는 1898년에 남감리교회로 이명이 되어 송도로 파송받아 의료 사업을 전개하다가 1901년에 원산으로 다시 와 순행 전도에 전력하였다.[19] 남감리교회의 병원 선교는 세브란스와 원산 기독병원 등에서 활발하게 진행되었다.

교회 설립과 성장   남감리교회가 선교를 시작할 때는 이미 입국한 다른 선교사들이 서울을 중심으로 선교 활동을 활발히 진행하고 있었다. 때문에 서울 대신 인근 지역인 경기와 강원 지역의 선교에 관심을 두었다. 남감리교회의 첫 교회는 송도에 주재하고 있던 콜리어(C.R. Collyer. 고영복) 선교사가 경기 고양읍에 1897년에 설립한 고양교회이고, 1899년에는 문산포교회가 조직되었다. 1914년에 남감리교회 한국선교연회가, 1918년에 한국연회가 정식으로 조직되면서 독자적인 연회가 운영되었다. 다음은 남감리교회 조선연회의 조직표다.

남감리교회 조선연회 조직표

회별	조직 연월일	회 장	서 기
1	1918. 10. 31	맥머리 감독	히취, 김지환
2	1919. 9. 3	램버드 감독	테일러, 유철수
3	1920. 9. 15	램버드 감독	테일러, 유철수
4	1921. 9. 14	크램 목사	왓슨, 김인영
5	1922. 9. 12	보애스 감독	히취, 김인영
6	1923. 8. 30	보애스 감독	히취, 김인영

7	1924. 9. 5	보애스 감독	히취, 김인영
8	1925. 9. 3	보애스 감독	히취, 장병익
9	1926. 9. 2	에인스워드 감독	히취, 장병익
10	1927. 9. 8	에인스워드 감독	앤티슨, 장병익
11	1928. 9. 5	에인스워드 감독	앤티슨, 김인영
12	1929. 9. 4	에인스워드 감독	피터스, 김인영
13	1930. 9. 24	양주삼 목사	프라이스

(2) 미감리교회와 남감리교회 교리

미·남 감리교회의 초기 한국 선교는 미국 모교회 신앙과 조직의 연장선상에서 운영되었다는 공통점이 있다. 이는 미국 모교회의 연장 사업으로 선교가 실시되었다는 말이기도 하다. 따라서 선교 초기 한국 감리교회가 믿는 신앙의 교리도 미국 모교회의 '교리와 법'에서 필요한 부분을 발췌하여 우리말로 정리하고, 교회 조직과 운영도 이같이 정리하여 전도와 교육을 실시할 수밖에 없었다. 이에 대한 책으로는 미감리교회에서 4권의 '교리와 규칙'이 발간되었고, 남감리교회에서 3권의 '교리와 법'을 출판하였다.

이 장에서는 미감리교회가 1910년에 발행한 '대강령과 규칙', 그리고 남감리교회가 1919년에 발행한 '도리급 장정'의 책을[20] 근거로 '교리 편'을 비교함으로써, 1930년에 합동할(미·남 감리교회) 당시의 교리 내용이 어떻게 정리되었는지 살피고자 한다. 물론 한국 선교 초기에 두 감리교회가 사용한 초기 교리 내용은 미감리교회의 '25개조 종교 강령'에서[21] 발췌하여 우리말로 번역하였기에 당시에 번역한 용어나 내용에서 차이가 있다고 할 수 없다. 이는 미국 모교회의 '교리 편'을 기초로 해 번역하였다는 점에서 그 의미가 다르다고 할 수 없다.

대강령(미감리교회)과 종교의 강령(남감리교회)의 비교표

조별	미감리교회 대강령 항목	남감리교회 종교의 강령 항목
1	성삼위일체를 믿음	성삼위일체를 믿음에 대하여
2	도는 곧 하나님의 아들이시나 참 사람됨	말씀, 즉 하나님의 아들이 진정한 인(人)이 되심에 대하여
3	그리스도의 부활하심	그리스도의 부활하심에 대하여
4	성신	성신(聖神)에 대하여
5	성경에 보이신 것은 구원함의 족(足)함	성경의 구원에 족(足)함에 대하여
6	구약	구약에 대하여
7	사람의 원죄	원죄에 대하여
8	사람의지 주장	자유의지에 대하여
9	사람을 옳다 하심	인(人)을 의롭게 하심에 대하여
10	선행	선행에 대하여
11	분외의 일	의무(義務) 외에 사업에 대하여
12	옳다 하심을 얻은 후에 범죄함	의롭다 하심을 얻은 후 범죄함에 대하여
13	교회	교회에 대하여
14	연옥	연옥(煉獄)에 대하여
15	교회 중에 마땅히 사람이 다 알아들을 방언을 쓸 일	회중(會中)에서 해득(解得)할 방언을 쓸 사(事)에 대하여
16	사은지체	성례에 대하여
17	세례	세례에 대하여

18	주의 성만찬	주의 만찬에 대하여
19	떡과 포도주를 다 베풀 일	면포(麵包)와 포도즙 양종(兩種)에 대하여
20	그리스도께서 한 번 제사를 십자가에 마치심	그리스도께서 십자가상에서 일차 제물이 되심에 대하여
21	목사 혼인	목사의 혼인에 대하여
22	교회 규칙과 예의	교회의 예법과 의식에 대하여
23	국가 관장	국가에 대한 신자의 의무에 대하여
24	그리스도인의 산업	기독교인의 재산에 대하여
25	그리스도인의 맹세	그리스도인의 맹세에 대하여

이 종교 강령에서 보듯이 미·남 감리교회는 개신교회의 전통적 기독교 신앙을 함께 고백하고 있다는 점에서 하나님의 말씀인 성경에 기초했음이 분명하다. 물론 가톨릭이 주장한 선행으로 의로워진다는 것에 대하여 반대하고 믿음으로 의롭다 함을 받는다는 루터의 신앙고백에 동의하고 있음도 확실하다. 그러기에 여기서는 전통적인 기독교 신앙고백 중에서 감리회 창시자인 존 웨슬리의 교리상의 특징인 자유의지와 가톨릭에 반하는 부분인 선행과 연옥에 대한 부분을 비교해 보고, 또 윤리 부분이라고 여기는 목사의 혼인, 예법과 의식, 그리고 국가에 관한 부분을 비교해 보자.

1) 감리회 교리 특징에 대한 강령

다음 표는 미·남 감리교회가 교리상의 특징을 설명해 주는 자유의지, 그리고 가톨릭에 반하는 부분인 선행과 연옥에 대한 내용이다. 이들에 대한 비교 설명을 통해 감리회 교리의 특징을 알 수 있으리라고 본다.

교리 특징에 대한 부분의 비교표[22]

부분	미감리교회	남감리교회
자유 의지	• 사람 의지 주장 사람이 범죄한 후에 사람의 지위는 자기 힘과 행하는 일로 스스로 마음을 돌려 믿음에 이르지 못하고 하나님을 숭배치 못하나니 그러므로 만일 하나님께서 그리스도로 우리에게 은총을 주시지 아니하며 또한 착한 뜻이 있을 때에 우리와 함께 행하지 아니하시면 우리가 권력이 없어 능히 하나님의 기뻐하시고 받음직한 선행을 행치 못하리라.	• 자유의지에 대하여 아담이 범죄한 이후로 인류의 정형(情形)이 그와 같아야 자기의 천연적 능력과 사업으로써 마음을 돌이키며 자기를 준비하야 신앙에 이르러 하나님을 공경치 못하나니 그런고로 하나님께서 그리스도로 말미암아 우리에게 주시는 바 선한 의지를 얻게 하시는 은혜가 아니면 우리가 하나님의 기뻐하시고 받으실 만한 선한 사업을 행할 능력이 없으며 그 선한 의지가 우리에게 있을 시에는 그 은혜가 우리와 함께 하시느니라.
선행	• 선행 선행이 비록 믿음의 열매요 옳다 하심을 얻은 후에 따르는 것이로되 그것 우리 죄를 제하지 못하고 하나님의 엄하신 심판을 도당하지 못하느니라. 그러나 그리스도 안에 있는 믿음으로 좇아 나온 것이니 선행을 본즉 가히 사	• 선행에 대하여 선행은 비록 믿음의 과실이요, 또한 의롭다 하심을 따라오는 것이로되 능히 우리의 죄를 없이하지 못하며 또한 하나님의 심판에 엄위하심을 감당치 못할지라. 그러나 선행은 그리스도 내에서 하나님의 받으실 만하고 기뻐하시는 바요 진실하고 활발

선행	는 믿음을 알 것임은 마치 과실을 보고 나무 사는 것을 하는 것 같으니라.	한 신앙으로 좇아 나오는 것인 즉 과실을 보고 그 나무를 아는 것같이 선행을 보고 그 활발한 신앙이 있는 것을 명백히 아느니라.
연옥	• 연옥 로마교에 가르치는 연옥과 신부가 죄 사한다 함과 우상이나 화상이나 유물을 공경하는 것과 성신에게 비는 것은 다 공연히 만든 법이요 성경에 조금도 빙거할 바 없고 또 하나님의 도를 어기는 것이니라.	• 연옥에 대하여 연옥과 사죄와 우상과 유물에 경배하고 존숭함과 성도에게 축도함에 관한 로마교의 도리는 허망하고 위조한 것이라. 성경에 빙거할 수 없을뿐더러 하나님의 말씀을 거역하는 것이니라.

위의 비교에서 보듯이 '선한 의지'도 하나님이 주신 은혜임을 강조하고 있다. 그러므로 하나님의 은혜가 함께 할 때 선한 의지가 우리 가운데 있게 된다. 이는 마치 모든 만물이 하나님의 강한 은혜의 빛을 받을 때에 생명이 있고 힘을 얻어 성장하여 열매를 맺는 것과 같다. 그러기에 우리는 가톨릭이 강조한 선행으로 의로워지지 못하며, 선행도 그리스도 안에서 하나님이 주신 선물인 믿음이어서 그 열매를 통해 선행도 인정을 받게 되고, 이를 알 수 있음을 강조하였다. 또 연옥에 대한 가톨릭의 교리는 하나님의 말씀을 거역하는 허망하고 위조된 것임을 지적하고, 하나님께 순종하는 것이 우리의 도리임을 강조하고 있다.

이렇게 볼 때, 미·남 감리교회 교리상의 특징은 삼위일체 되시는 하나님의 은혜로 우리가 구원을 얻는다는 복음주의 신앙이다.

2) 감리회 윤리에 관한 강령

　다음의 표는 미·남 감리교회가 특정한 윤리에 관한 부분을 설명
해 주는 것인데, 이는 목사 혼인, 교회 예법과 의식, 국가에 대한 내
용 등이다. 이는 당시의 상황 하에서 두 감리교회가 안고 있던 윤리
문제에 대한 현실적인 방향 제시라고 본다.

특정한 윤리에 관한 사항의 비교표[23]

부 분	미감리교회	남감리교회
목사 혼인	• 목사 혼인 그리스도의 복음으로 섬기는 자 목사가 맹세하고 혼인하지 아니함은 하나님의 율법에 명하신 것이 아니라. 그런즉 목사이나 다른 교인들이라도 가히 혼인하되 자기 마음으로 헤아려 경건함에 도울 일대로 할지니라.	• 목사의 혼인에 대하여 하나님의 법률에 그리스도의 목사들은 단독 생활하기를 맹세하라든가 혼인을 금제하라든가 하신 명령이 없나니 그러므로 목사들도 모든 그리스도인과 같이 자기의 의향대로 경건함에 합당함을 추측(推測)하여 혼인하는 것이 당연하니라.
교회 예법과 의식	• 교회 규칙과 예의 각처에 규칙과 예의를 반드시 한 결 같이 할 것이 아님은 이것이 예전부터 항상 달라진 연고이니 나라법과 시대와 사람의 풍속대로조차 고치되 다만 하나님의 도는 거역치 못할지니라. … 형제의 마음을 상케 함이니라. 각 교회마다 가히 규칙과 예의를 설립하던지 혹 혁파하되	• 교회의 예법과 의식에 대하여 예법과 의식을 각처에서 꼭 동일하게 할 필요가 없나니 대개 예법과 의식은 자고로 부동(不同)하였고 또한 국가와 각 시대와 각 인민의 풍속을 종(從)하여 변할 수가 있으나 다만 하나님의 말씀과 위반되게 하지 못할지니라. … 연약한 양심을 상케 한 자로 처리할 것이니 이는 타인으로 하여금 외구(畏懼)하여

	온갖 것을 다 교회에 유익한 대로 할지니라.	그와 같이 하지 못하게 함이니라.
국가	• 국가 관장 백성 된 자가 마땅히 황명과 조선법을 지키되 다만 하나님의 계명을 어기지 않는 대로 지킬 것이요, 목사 된 자는 마땅히 이대로 힘써 가르칠지니 대개 베드로 말씀하시되 너희가 뭇 사람을 공경하고 형제를 사랑하며 하나님을 두려워하고 군왕에게 공경하라 하셨느니라. 로마인 13장을 또 보라.	• 국가에 대한 신자의 의무에 대하여 모든 그리스도인과 특별히 교회 목사들은 거생(居生)하는 국가의 법률을 복종할 의무가 있으며 또 칭찬할 만한 방법으로 집권자에게 순복함을 장려하고 권면할지니 연고로 목사들과 각 신자들은 화평하고 질서가 있는 국민이 될지니라.

이 비교표를 통해 알 수 있는 것은, 미·남 감리교회에 다 같이 목사의 혼인을 금하는 법이 없으니 목사는 모든 그리스도인처럼 경건한 마음으로 혼인하라는 것이다. 또 교회의 예법이나 의식도 각 시대와 그 나라의 풍속에 따라 하나님의 말씀에 위배되지 않게 고칠 수 있음을 제시하고 있다. 그러나 '국가'에 대한 항목에 대해서만은 두 감리교회가 차이를 보이고 있다. 이 부분은 미국 모교회의 '25개조 종교 강령'에서 '북미 합중국 통치자'라는 항목으로 정리하고 있는데, 그 주요 내용을 보면 '합중국은 주권적 독립국이므로 어떤 외국 치리 하에 붙지 아니할 것이다'라고 설명하고 있다. 두 감리교회는 이 항목에 대하여 당시의 조선 국가의 상황에 맞게 정리하는 입장에 있었기에 그 차이를 보이고 있다. 미감리교회는 조선법을 지키되 하나님의 계명을 어기지 않는 대로 지킬 것(로마서 13장)을 말하고 있는

반면(이 책은 1910년에 출판함), 남감리교회는 '국가법에 복종하고 집권자에게 순복' 하므로 화평하고 질서를 지키는 백성이 되라고 규정하고 있다. 이는 남감리교회가 이 책을 발행한 시기가 일본의 통치하에서 조선독립만세 운동이 전국적으로 확산된 1919년이었기에 이렇게 정리한 것으로 보여진다.[24]

2. 미·남 감리교회의 제도상의 특징

미·남 감리교회가 한국 선교 초기에 발행한 교리와 장정의 '총칙' 에[25] 나타난 주요한 내용은 두 가지다. 하나는 미국 모교회가 조직하게 된 과정이고, 다른 하나는 감리교회에 입회한 사람의 조건과 그 의무에 대한 부분이다.

두 교회의 '총칙' 에 있는 주요 조직 과정과 입회 조건과 의무[26]

	주요 조직 과정	주요 입회 조건과 의무
미감리교회 총칙	• 조직 과정 (생략) 웨슬리 씨가 각 사람들에게 유익한 대로 가르치며 교훈을 마친 후에 각 사람들의 무엇을 받고자 하는 대로 기도하였느니라. 이로 말미암아 감리교회가 구라파에서 시작되고 그 후에도 미국에 일어났느니라. 이 교회는 다름이 아니라 모이는 사람들이 하나님을 공경하는 모양이 있고 또 공경하는 권능을 찾으며 합심하여 서로 위하여 기도하고 권	• 입회 조건 우리 교회에 원입한 사람들은 마땅한 일 한 가지뿐이니 이 일은 다름 아니라 장차 형벌을 피하고 저희 죄에서 구원함을 얻음이니라. 다만 이 원하는 것이 마음에 단단히 있으면 그의 열매를 보일지니라. • 의무 1. 사람들을 해하지 말며 … 2. 착한 일을 행할진대 …

미감리 교회 총칙	면함을 받으며 사랑하는 마음을 서로 지키고 서로 각각 구원함을 얻도록 도와 줌일러라. 회우들이 실로 자기 구원함 힘쓰기에 더욱 알기 쉬움을 인하여 각 회우를 거주 원근대로 나누어 적은 반열을 만들어 열두 사람가량씩 두고 그 중에 한 사람을 속장으로 정할지니라.	3. 하나님의 명하신 예법을 전심으로 지킴을 아래에 기록하노라. …
남감리 교회 총칙	• 조직 과정 (생략) 웨슬리 씨가 시시로 그들에게 필요한 바를 택하여 훈계한 후에 각인의 형편에 합당한 것을 따라 기도함으로 항상 폐회하였느니라. 이것이 '연합회'에서 시작된 원인인데 처음에는 유럽에서 일어났고 그 후에는 아메리카에서 일어났나니 이러한 회는 다른 것이 아니라 수다한 사람들이 경건한 모양이 있은 후에 능력을 찾음으로 함께 기도하며 권면하는 언사(言辭)를 받고 사랑함으로 서로 경성하여 구원함에 이르기를 찬조하려 하여 연합한 것이니라.	• 입회 조건 이 회에 허입하기를 원하는 자들에게 요구하는 것 한 가지 조건뿐이니, 즉 '장래에 노하심을 피하며 자기들의 죄에서 구원함을 얻고자 하는 소원이라.' 이 뜻이 심중에 작정된 자는 행실로 나타낼지니라. • 의무 이 회에 계속하여 있는 사람들은 구원을 얻고자 하는 뜻을 표명할지니, 1. 해롭게 하지 말며 … 2. 선을 행하며 … 3. 하나님의 제반 예법을 근수(謹守)할지니 즉 하나님을 공중 예배하는 것이며 …

여기서 보듯이, 초기 한국 선교에서 미감리교회가 강조하고 있는 교회 제도는 속회 조직을 그 특징으로 하고 있다. 그리고 감리교회의 교인이 되는 조건은 하나님의 진노하심으로부터 구원받으려는 소원, 즉 죄에서 구원받으려는 마음이 넘쳐야 함을 강조하고 있다. 이 총칙에 있는 속회의 조직 구성원의 특성을 요약해 보면 이렇게 정리할 수 있다.

• 미감리교회의 총칙에 있는 속회 조직 구성원의 특성
모이는 사람들이 하나님을 공경하는 모양이 있고, 또 공경하는 권능을 찾으며 합심하여 서로 위하여 기도하고 권면함을 받으며 사랑하는 마음을 서로 지키고 서로 각각 구원함을 얻도록 도와 줌일러라.

• 남감리교회의 총칙에 있는 속회 조직 구성원의 특성
이러한 회는 다른 것이 아니라 수다한 사람들이 경건한 모양이 있은 후에 능력을 찾음으로 함께 기도하며 권면하는 언사(言辭)를 받고 사랑함으로 서로 경성하여 구원함에 이르기를 찬조하려 하여 연합한 것이니라.

(1) 미감리교회의 제도

미감리교회는 1910년에 '대강령과 규칙'을 발행하면서, '감리교회 교우에게 권하노라'는 권설(勸說)을 통해 감리교회 제도에 대하여 이렇게 요약하였다.

(중략) 이 장정 책이 처음에는 단순하였더니 점점 크고 그 제목이 많아지며 또한 장정이 감화함과 실행하는 능력으로 말미암아 더욱 긴요하

여겼으니 이는 우리의 확장되는 교육과 선교와 출판하는 일을 위하여 예비됨이라. 우리 교회에서 특별한 헌법과 행정상 규칙은 이에 성공이 심히 크니 주의하여 연구할 것이니라.

순행 전도와 속회로 말미암은 부목(副牧)의 직분과 감독의 통치(統治)와 지방 감리사의 권리와 각 회의 등급과(各會之等級) 정주(定住) 전도와 사법행정과 목사와 평신도의 호상 관계와 또한 각각 지정한 의무와 권리 등은 한 제도의 여러 부분이니 이는 참으로 귀중하고 이롭게 소용되며, 또한 이 장정은 다만 사랑과 믿음으로 익숙히 공부한 사람으로 말미암아 지혜롭게 변개되느니라.[27]

여기서 초기 한국의 미감리교회 교회 조직에 관한 특징을 보면 감독의 통치 제도, 감리사의 행정 제도, 속장이 중심이 되는 속회 조직에 대한 부분이라고 하겠다. '그리스도의 몸인 교회'이기에 교회는 모든 조직의 기초다. 교회가 있어 감독도 감리사도 속장도 있기 마련이다. 여기서 감리교회가 자랑으로 여기는 의회 제도도 빼놓을 수 없는 특별한 부분이다. 감리교회의 의회 제도는 속회 활동을 중심으로 하는 교회들이 조직되어 '장유회'를, 몇 교회가 구역을 조직하여 '계삭회'를, 여러 구역이 모여 '지방회'를, 지방이 모여 '연회'를 조직하였다. 각 회원은 목회자와 평신도의 수로 하고, 선교 초기여서 평신도 지도자를 통한 활동이 강화되었다. 특히 미감리교회 '대강령과 규칙'(1910년 판)의 제8권 제2~5장에서는 외국선교부와 국내선교회의 설립과 운영에 대하여 규정하므로 초기 한국 선교의 활성화를 시도하였다.

이러한 점에서 미감리교회 초기 한국 선교 당시 중요하게 여긴 '속회 제도로 본 교회 조직과 운영, 교회를 다스리는 지방 감리사의 행정 제도, 그리고 감리교회를 이끌 감독 통치 제도'에 대하여 살피므로, 초기 한국 선교사들의 선교부 시대의 제도를 이해하고자 한다.

1) 속회 제도로 본 교회 조직과 운영

1910년대 한국 미감리교회 총칙에서 보았듯이, 교회는 '각 회원들이 거주 원근대로 나누어 적은 반열을 만들어 열두 사람가량씩 두고 그 중에 한 사람을 속장으로 정하여' 목사를 도와 일하게 하였다. 이와 같은 속회 제도는 영국 감리교회에서부터 시작된 것이지만, 교회를 담임할 목사가 부족하고 순회 목사 제도를 택한 초기 한국 교회 상황에서 이 같은 속장제도를 통한 속회 운영은 매우 효과적인 방법이라 하겠다. 이 점은 미감리교회가 다음과 같이 규정한 속장의 할 일과 속장 책정의 목적에서 알 수 있다.

• 속장의 할 일[28)]
1. 속장은 이례에 한 번씩 자기 속회우를 찾아보고, 이 아래 세 가지 일을 알아볼지니라.
   1) 각 회우의 영혼이 자라고 아니 자람을 알아볼 것이요
   2) 사람의 성경을 좇아 교훈하며 꾸짖으며 안위하며 권면할 것이요
   3) 목사의 보조금을 도와주는 일과 가난한 사람을 구제하는 돈을 다 속장이 거두어 받을지니라.
2. 속장은 이례에 한 번씩 전도사와 유사가 함께 모여 할 일이 두 가지 있으니
   1) 교우 중에 질병 있던지 악행이 있던지 교훈을 듣지 않는 자 있으면 목사에게 보고할 것이요
   2) 이례에 수전할 것이 있으면 유사에게 줄지니라.

속장 책정의 목적[29]

1. 목사의 시찰하는 조례를 세워 본 교회 각 회우에게 효험이 미치게
   할 것이요
2. 기도회와 간친회를 자조 실행하여 교육도 하며 권장도 하며 권고도
   하여 일로 말미암아 우리 모든 회우가 은혜를 얻게 할 것이며
3. 교회 연보 거둘 일이 생길 때에는 이 계책으로 도와 잘 거두게 할 것
   이니라.

여기에서 알 수 있듯이, 속장이 하는 일이 곧 목사가 해야 할 일이
기도 했다. 그러기에 속장은 작은 목사라는 말을 해도 되겠다. 속회
원을 찾아 심방하고, 영적 성장을 도우며, 성경으로 가르치고 다스리
며, 재정적인 일도 감당하였다. 이러한 이유로 속회 부흥이 곧 교회
부흥이라는 말이 나오게 되었다고 본다. 이는 속회가 활성화될 때 교
회가 활성화된다는 말이기도 하다.

2) 감리사의 행정 제도로 본 교회 조직

초기 한국 선교의 미감리교회 감리사는 '계삭회'의 회장이 되어
각 구역에 속한 모든 교회의 행정을 관할하였다. 지방회의 회장은 감
독이 된다고 되어 있어[30] 사실 감리사는 지방 형편을 행정적으로만
관할한다고 하겠다. 따라서 여기서 직접 회의의 회장이 되는 계삭회
에 대하여 1910년에 발행한 '대강령과 규칙'에서 규정한 계삭회의
조직과 그 직무를 통해 논할 필요가 있다.

• 계삭회의 조직[31]
  회장 : 감리사

회원 : 구역에 속한 모든 순행 목사, 주재 전도사, 권사 유사, 탁사, 주일학당 교감, 엡웟청년회 회장, 엡웟후진청년회 회장, 보호여회 회장, 속장, 집사

• **계삭회의 직무[32)**

1. 고소를 처리하고 또 교회 규칙을 의지하여 송사를 처리하여 재판할 지니라.

2. 교회 규칙을 의지하여 본 구역에 속한 모든 주재 전도사들과 권사들을 관할할지니라.

3. 탁사의 매년 보단을 받고 계삭회에 회원으로 속할 탁사를 허입할지니라.

4. 유사를 선거할지니 선거한 유사들 중에 지방회 유사 1원과 기록 유사 1원을 선정할지니라.

5. 본 구역에 속한 모든 주 학당을 관할할 것이니 각 주일학당의 형편을 사문하며 주일학당부에서 선정한 교감을 수용하기도 하고 혹 아니하기도 하며 계삭회의 주의를 따라 계삭회 회원으로 속할 교감을 허입하며, 또한 그 교감이 합당치 못하거나 부족하거나 하면 면직할 지니라.

6. 본 교회에 엡웟청년회와 다른 청년회들을 관할할 것이니 청년회의 천거한 회장과 목사의 선정한 엡웟후진회장을 수용하기도 하고 혹 아니하기도 하며 또한 그 회장과 그 교감이 합당치 못하거나 부족하거나 하면 면직할지니라.

7. 교회의 보호연회와 또 이와 같은 다른 회를 관할할 것이니 그 회의 선거한 회장들을 수용하기도 하고 혹 아니하기도 하며 계삭회의 회원으로 속할 회장을 허입하며 또한 그 회장이 합당치 못하거나 부족

하거나 하면 면직할지니라.

8. 전도업과 인애 일에 보조하기 위하여 계삭회에서 준행할 모든 규칙을 다 규칙에 기록한대로 근실히 시행할지니라.

9. 계삭회에서 위원을 선정할지라.(10개 위원)

감리사는 지방 내에 모든 교회의 목사와 그 구역의 임원을 임명하고 행정적으로 관할하므로 직접 선교와 교회 부흥을 위한 일을 행정적으로 다스린다고 하겠다. 특히 한국 선교 초기에 계삭회에서 운영한 성전건축위원들의 활동은 매우 중요하다 하겠다. 또 한국 교회가 선교부 재정으로 운영되는 시대여서 계삭회에서의 각 분야의 교회 재정에 대한 조사가 철저하였다는 점을 다음에서 확인할 수 있다.

• 계삭회 : 교회 재정과 문부를 조사함[33]

1. 교회 조사하는 위원의 직책은 교회 재정과 유사의 문부와 기록 유사의 문부와 주일학교 교재정 유사의 문부를 다 사실하여 첫째 계삭회에 보단할지니라.

2. 또한 교회 분부를 조사하는 위원은 교회의 생명록과 장유회의 일기와 직인회의 문부와 주일학교부 문부와 타사부 문부를 조사하여 오착 없이 하여 기록 유사에게 맡겨 둘지니라.

3) 감독 통치 제도에서 본 교회 조직

앞에서 보듯이 초기 한국 미감리회의 감독은 총회와 연회와 지방회를 주관(회장)하며, 감리회의 영적 지도자로 정책과 행정을 이끄는 대표자였다. 또한 감독은 연회에서 목사를 안수하여 교회에 파송하는 인사 책임자였으며, 감리회의 부흥을 위한 규칙을 총회에서 제정하고 개정하며 정책 사업을 주관하였다.[34] 그러나 이때가 미감리교회 선교부 선교사들이 이끄는 선교부 선교 시대(기독교대한감리회 교회와 장정의 역사에서 구분한 시대)여서 1930년에 합동한 이후에야 감독의 통치 제도가 우리 실정에 맞게 진행되었다고 하겠다. 다음은 감독의 권리와 연회의 직무에 관한 내용이다. 초기 선교 시대 때 연회의 직무 중에 특이한 것은 각 지방의 성전건축위원을 선정하였다는 점이다.

• 감독의 권리[35]

감독이 전도 직첩 얻고자 하는 자와 주재 전도사 성품을 받고자 하는 자와 연회에 들고자 하는 자에게 각각 공과를 선정하여 시험케 하나니 또한 주재 전도사를 위하여 4년 과정과 연회에 들어온 자를 위하여 4년 과정을 정할지니라.

연회에 들어온 자 - 임의 연회에 회우가 되어서 총대학교나 신학회에 공부하기를 원하면 연회에서 저를 위하여 이 일을 이루게 하고 감독이 합당함을 보아서 이 사람 무슨 책임이든지 파송치 못할 터이면 학교에 들어가 공부하게 하느니라. 다만 감리사가 자기와 함께 계삭회에 일을 온전히 두 해 동안을 보았다고 증명할 지경이면 그 두 해는 연회 회우로 들어가는 연한에 회계할 것이며, 파송할 직임이 없는 전도사는 감리사가 수용하여 다른 연회에 교회 일을 맡겨보게 하느니라.

• 연회의 직무[36]

목사의 송사하는 일도 판단하고 혹 심문도 하며 혹 견책도 하며 혹 그 보는 일을 잠깐 정지케도 하며 그 직임을 갖기도 하며 출회도 하며 혹 무죄함을 신원도 하느니라. 장로 목사와 집사들을 할 수 있거든 연회 모일 때에 선정할지니라.

연회에서 각 감리사 지방에 성전 건축하는 별 위원을 선정하나니 이 위원은 감리사로 주관하는 법이라. 한 지방에 목사 두 분이 있어야 할 것이요 만일 많이 있으면 다섯까지 있나니 평신도는 목사의 수와 같으니라. 이 위원의 직분은 … 모든 성전 건축할 터를 살펴 정할 것이니 감리사가 계삭회에서 그 일을 허가하면 이 위원의 정한 바를 의지하여 행하느니라.

(2) 남감리교회의 제도

1919년에 발행한 남감리교회 '도리급 장정'은 발간사에서 밝힌 것 같이 '다년간 경험함으로써 편성된 장정'이다. 장정의 주요 내용은 의회 제도와 교회 임원, 교회 조직과 운영, 재판과 감독의 판결안, 그리고 예문의 순서로 편집되었다. 이 장정에는 먼저 남감리교회의 제도상의 특징인 의회 제도(제2장 : 총회, 연회, 지방회, 계삭회, 당회)에 대한 규정이 게재되어 있고, 교회 조직은 담임목사를 대표로 하는 임원 조직(제3장)으로 구성되어 있다. 또 감리교회의 제도상 특징으로 여기는 감독 중심의 제도여서 감독은 연회와 지방회를 주장하고 연회에서 목회자를 파송하는 임명기를 공포함으로 인사 행정을 관할하였다. 그러나 감독은 '감독회의 판결안'(제23장)을 통해 감독으로서의 업무 처리를 합법적으로 처리하도록 규정해 주고 있다.

1) 의회 제도를 강조하는 교회 조직

남감리교회의 교리와 장정에서는 '회의'를 '종교 강령과 총칙(제1장)'의 다음인 제2장에 두면서 의회 제도의 중요성을 강조하고 있다. 의회는 5개 의회로 구분하였다.[37] 첫째는 '입교인과 교회 연회원'으로 구성한 '당회'가 매삭(每朔)에 모여 교회 조직의 기초를 이루고,

둘째는 구역의 회원들이 일 년에 4회 '계삭회(季朔會)'를 열어 교회 조직을 활성화하며, 셋째는 전도사들과 평신도 지도자 등이 매년 '지방회'를 개최하여 지방 내의 형편을 심사하고, 넷째는 순행 전도사와 장로사 그리고 평신도 대표들이 매년 '연회'로 모여 교역자의 성품을 다루고 지방의 교회 재산과 통계 등을 받는다. 다섯째는 4년마다 열리는 '총회'에서 사무 처리와 장정을 개정한다.

다음은 목회자와 평신도들로 구성한 각 의회별 조직과 모임 시기다.[38)

의회제도	의회 조직의 구성원과 모임 시기
당 회	교회의 모든 입교인들과 거기 거하는 매년 연회원들이 매삭(每朔)에 1차식 회집할 것이요, 구역에는 소불하(小不下) 삼삭(三朔)에 일차식 각 예배당에 당회로 회집할지니 관할 전도사가 주장할 것이며
계삭회	그 구역이나 주재소(住在所) 내에 모든 순행 전도사들과 본처 전도사들과 노쇠(老衰) 전도사들과 또 권사들과 탁사들과 각처 구역과 주재소와 선교처의 속장들과 입교한 주일학교장들과 당회 서기들과 자격을 가진 장년 엡윗청년회장과 관할처 평신도 인도자와 교회 평신도 인도자들과 전도위원장과 사회자비원장이니, 매년 4차식이니
지방회	장로사의 지방에서 매년 1차식 지방회로 회집할지니 그 시기는 장로사가 정하고 처소는 회에서 정하되 예측치 못하였던 연로로 인하여 회에서 정한 후라도 변경할 필요가 있으면 장로사는 변경할 권한이 있음. 지방회는 그 지방 내에 있는 전도사들로 조직할지니 그 중에 노쇠 전도사들도 포함하였고 또 그 지방 평신도 인도자와 관할처 평신도 인도자들과 기타 평신도들이니 그 평신도의 수

	효와 택하는 방법은 각 매연회가 스스로 작정함.
연 회	그 매연회에 완속(完屬)한 모든 순행 전도사들과 각 장로사 외 지방에서 오는 평신도 대표자 8인식으로 조직함. 단 그 8 인 중에 1인은 본처 전도사로 할 수 있음.
총 회	총회는 각 매연회에서 매 48회원에 대하여 1인식 총대 한 전 도사 대표자들과 그 동수의 평신도 대표자들로 조직하되 각 매연회에서 택하는 평신도 대표자 중에 1인은 본처 전도사로 할 수 있음. 총회는 영원토록 4년에 1차식 4월이나 5월에 회 집할지니

　남감리교회의 의회 제도의 특징은 교회를 섬기는 사람들 중에서 각 분야의 대표자들이 직접 회원으로 참석할 수 있다는 점이다. 특히 연회와 총회 회원 중에 본처 전도사도 회원이 될 수 있는 문을 열어 놓았다는 점이다.

2) 모두가 부름받았음을 강조하는 교회 조직

　남감리교회 교리와 장정의 제3장에서는 '목사와 교회 임원' 이라 는 명칭으로 감독도, 장로(순항, 선교)도, 순항집사도, 전도사(액외, 노 쇠, 본처)도, 권사도, 속장도, 유사와 탁사도 모두 '전도하라고 성신 (聖神)의 부르심을 입은 줄로 생각하는 자' 이어야 함을 밝히고 있다. 이들에게 묻는 질문의 내용은 세 가지다.[39]

　• 교회 임원에게 묻는 질문
　1. 하나님은 용서하시는 하나님인줄 아느뇨. 하나님의 사랑이 심중에 있느뇨. 오직 하나님만 사모하느뇨. 모든 담화에 성결한 모양이 있 느뇨.

2. 이 사업에 대하여(은혜뿐 아니라) 재능이 있느뇨. 하나님의 이치에
   대하여(얼만큼) 분명하고 건전한 지각과 정당한 의견이 있으며 또
   신앙으로 구원을 얻는 도리를 올케 깨달았느뇨. 강설(講說)을 상당
   히 하며 민활하게 하며 분명하게 하느뇨.
3. 결과가 있느뇨. 전도를 듣고 진실로 죄를 깨닫고 하나님 앞에 회개
   한 자가 있느뇨. 누구에게든지 이상 3개 조건이 구비한 자는 전도하
   라고 하는 하나님의 부르심을 입은 자로 우리는 믿으며 성신에게 감
   동이 된 바의 넉넉한 증거로 받음.

이들 임원 중에 감리교회의 자랑인 속회를 맡은 속장의 역할이 매
우 중요하였기에 속회 부흥을 위하여, 즉 남감리교회에서는 '속회를
더 유익하게 만들기 위하여 할 것이 무엇인가'라고 묻는 질문에서
속장에 대한 세 가지 조치를 강조하고 있다.[40]

• 속회를 더 유익하게 만드는 세 가지 질문
1. 불합(不合)한 속장들을 변경함.
2. 속장들이 가끔 교환하여 인도케 함.
3. 여러 속장 중에서 가장 유력한 자를 관찰(觀察)하여 그이로 하여금
   할 수 있는 대로 다른 반열(班列)과 자주 교환하여 인도케 함.

3) 감독 중심의 제도 하에 있는 교회 조직

남감리교회 교리와 장정에서는 감독 중심의 제도 하에 교회가 조
직되었음을 알 수 있다. 연회와 지방회를 주장하므로 회의의 주재자
이고, 모든 인사 행정을 주관하므로 인사 파송권자이며, 회의 중에
법률상의 문제를 판결하는 결정권자다.

• 회의의 주재자로서의 감독

감독의 직무 중에 첫 번째가 '매 연회와 지방회를 주장함' [41]이라고 규정하고 있어, 감독은 지방에 속한 교회를 관할하는 회의의 주재자임을 말하고 있다.

• 인사의 파송자로서의 감독

감독의 직무 중에 두 번째는 감리교회에 속한 모든 교회와 기관, 그리고 여러 분야에서 일하는 사람들을 임명하여 파송하는 것이라고 규정하고 있다. '매 연회에서 전도사 임명기를 규정하되 4년에서 그 임명기를 … 외국에 파송하는 선교사들과 매 연회 선교부에 임용된 자들과 감옥과 군대에 전도사들과 특별히 선(船)인을 위하여 임명된 자들과 성서공회와 주일학교동맹회와 고아원과 우리 교회 관리 하에 있는 각 학교 교장들과 교사의 직무는 그 한정에 있지 아니하며 또 매 연회가 청구할 시는 이하 직무에 4년 이상을 임명할지니 … 어느 대학교에서 순전한 대학과를 연구케 하는 사(事)에 임명하되 … ' [42]

• 결정권자로서의 감독

회의 중에 일어나는 모든 문제에 대하여 직권상으로 판결하는 결권자다. 감독은 '연회나 지방회에 통상 사무 중에서 생기는 법률상 문제를 판결하되 그러한 문제는 반드시 서식으로 제출할 것이요 또 그 문제와 판결한 것을 그 회록에 기록할 것이라' 고 규정하고 있다.[43] 그러나 매 연회나 지방회는 그 감독의 해석에 대하여 감독회에 공소할 권리를 주었다. 이러한 절차도 결국 최종적으로 감독들에게 결정권이 있다.

합동에서
해방 이전
(1930~1945)

II. 합동에서
해방 이전(1930~1945)

1930년 일본의 조선 통치 속에서[44] 기독교조선감리회라는 이름으로 하나의 교회가 탄생한 것은 감리교회 역사에 큰 획이라 아니할 수 없다. 당시 미·남 감리교회 합동 전권위원장인 웰취 감독이 합동총회 석상에서, 합동을 계기로 '진정한 기독교회, 진정한 감리교회, 진정한 조선적 교회'가 되기를 강조하였던 바, 여기서 강조한 바가 기독교대한감리회가 바라고 또 나아갈 방향이라 하겠다. 이를 요약하면 다음과 같다.

남북감리교회가 나갈 방향[45]

1. 이 새 교회는 반드시 진정한 기독교회가 되게 하고자 한 것입니다.
   그리스도의 요구하시는 조건대로 행하여 그리스도의 친구가 되어 그리스도를 배우고 그를 따르고자 하는 이들에게 문을 열고 환영하여, 모두 교인이 될 수 있도록 한다는 말씀이다. 즉 주 앞에서 빈부와 유무식자와 남녀와 교역자와 교인이 다 같이 모여서 서로 경애하고 사모하는 가정과 학교와 사업 장소가 되게 하자는 것이다.

2. 이 교회는 진정한 감리교회가 되게 하자는 것입니다.

편협한 교파주의를 가지고 옛날의 바리새교인들과 같이 교만과 자존심으로 독립한다는 뜻이 아니요 감리교회 창립자 요한 웨슬리 선생처럼 우리의 관계와 광범한 동정을 가진다는 것이다. 복음이 우주적이요 의식적이 아니고, 권위보다 양심과 이론에 호소하는 것과 성신을 받음으로 종교는 자유와 희락과 권능이 되는 것을 믿는다. 또 예배의 형식과 치리의 제도가 유익한 것인 줄 믿으며, 진보적이므로 생명이 있는 이의 특색을 가졌으니 곧 그 시대와 지방을 따라 자라기도 하며 변하기도 할 것이다.

3. 이 교회는 조선적 교회가 되게 하고자 한 것입니다.

조선적이라는 말은 이 교회의 조선인으로만 조직하자는 말이 아니라 조선 신자들과 같이 복음 전파에 동역하는 사람들 중에 중요한 부분이 다른 나라에서 온 이들이다. 곧 조선적이라는 말은 협소하게 교회생활 중에 무엇이던지 조선에서 된 것이 아니면 내어 버린다는 말이 아니며, 또 수천 년 동안 기독교 역사에 유전하여 온 바를 경시하거나 부인한다는 말도 아니다. 우리는 고금을 통하여 전래한 바를 감사한 마음으로 받아서 예배에나 치리에나 규칙에 잘 이용하되 조선의 문화와 풍속과 습관에 조화되게 하고자 함이다.

이와 같은 분위기에서 1930년 12월 2일부터 시작된 제1회 총회는 11일간의 회의 끝에 기독교조선감리회 교리와 장정을 제정하기에 이른다. 또 기독교조선감리회의 자치 교회의 탄생과 더불어 행정 책임자인 양주삼 총리사를 선출하고 새롭게 조직하였다.[46] 당시 두 감리교회의 합동 경위에 대하여 기독교조선감리회 교리와 장정 제1편 제

2장의 '역사적 선언'에서는 이렇게 간략하게 요약하고 있다.

그리하여 조선에서 이 두 감리교회는 서로 친밀한 관계를 가지고 같이 발전하며 여러 기관을 협동 경영하는 동시에 각각 맡은 지방을 교화시키기에 노력하였다. 1927년에 와서는 이 두 교회 사이에 점점 농후하게 된 조화적 정신과 우의적 태도가 두 연회로 하여금 연합하여 각각 그 총회에 조선에 있는 두 연회를 합동시키어 자치하는 조선 감리교회를 조직할 것과 전권위원을 파견하여 그 임(任)에 당하게 하여 주기를 청원하는 일이 있게 되었다. 그 두 총회는 그 청원을 허락하고 연합전권위원을 결정 파송하여 1930년 12월 2일에 제1회 총회를 열고 장정 규칙대로 기독교조선감리회를 조직하였다.

제1회 총회에서 제정한 '기독교조선감리회 교리와 장정'은 제5편 제15장으로 구성되어 있다. 이 교리와 장정은 양주삼 총리사가 '발간사'에서 밝힌 대로 '연합위원회에서 재래(在來)남북감리교회의 장정을 기초로 하고 많이 연구하여 제안한 것을 조선감리회 제1회 총회에서 다시 여러 가지로 수정하여 만든 것'이다.

기독교조선감리회 교리와 장정 목차(1931년 판)[47]

제1편 역사와 교리
  제1장 전권위원회
  제2장 역사적 선언
  제3장 교리적 선언
제2편 헌법과 관계

그 후 기독교조선감리회는 해방 전까지 세 차례 총회(4년마다)를 가졌고, 자치 교회로서 중앙협의회와의[48] 관계를 유지하며 교회의 각종 사업을 확대해 갔다(1938년 제3회 총회 시에 교회 현황은 교회 636개, 기도처 276개, 그리고 교역자 993명, 교인 6만여 명이었다). 그러나 선교사들은 한국 교회에 자치권을 허락하지 않아 조선 감리교회는 여전히 미국 감리교회의 제도 하에 운영되었다.

1. 기독교조선감리회의 탄생과 교리[49]

기독교조선감리교회
가 탄생한 때는 국내외적으로 어려운 시기였다. 1929년에 항일 운동
인 광주학생사건, 1932년에 이봉창의 의거사건(일왕에게 폭탄을 던짐),
일본의 한국인 만주 이주 정책, 그리고 중일전쟁 등으로 일본은 기독
교인들을 경계하고 탄압하였다. 그러나 1900년 초에 일어난 부흥 운
동(1903년 미남감리회 선교사 하디의 성령체험)의 여파와 합동 사업의 필
요성으로 남북감리교회 한국 주재 선교사들은 1924년에 교리와 장
정을 공동으로 번역(성례 예문과 교회, 직명을 통일)하기로 합의하고 위
원을 선출하였다. 이로 인해 남북감리교회연합위원회가 조직되고,
미국 모교회에 합동안을 각각 제출함으로써 미국 감리교회의 총회에
서 승인받기에 이른다.[50]

이로써 합동을 위한 연회가 1930년 12월 합동총회를 앞두고 9월
24일부터 미조선감리교회는 정동교회에서, 남조선감리교회는 종교
교회에서 각각 소집되고, 1930년 11월 28일 연합전권위원회에서는
'조선 감리교회의 합동과 조직에 대한 성명서'를 발표하기에 이른
다. 그 성명서 내용은 다음과 같다.

조선 감리교회의 합동과 조직에 대한 성명서[51]

1. 미감리조선연회와 남감리조선연회가 자치하는 조선 감리교회를 창
   립하며 조선 감리교회 제1회 총회 개회 초에 새 성명서를 제출하는
   즉시에 재래 두 연회는 폐지됨을 선언한다.
2. 조선 감리교회 제1회 총회를 두 조선 연회가 정식으로 택정한 회원
   으로 조성하여 1930년 12월 2일 오전 10시에 경성시 협성신학교에

서 개회하여 교회 조직을 완성하며 모든 사건을 처리할 권한을 위임한다.

3. 전권위원들이 조선 감리교회 헌장안과 입법안을 협정 제출한다. 최후로 우리 위원들은 그 임무를 종료함으로 무기 폐회함을 선언한다.

이상 성명서를 입증하기 위하여 그 성명서를 조선문과 영문으로 각 8부씩 작성하고 전권위원들과 미국 감리교회 주재 감독과 미국 남감리교회 주재 감독이 서명한다.

주후 1930년 11월 29일 조선 경성시에서

미감리교회 총회 대표(웰취 감독, 니콜슨 감독, 쇼 박사, 서덜랜드 박사, 에벤 부인)

남감리교회 총회 대표(커- 감독, 크램 박사, 모어 박사, 매틴- 박사, 하웰 부인)

미감리교회 조선연회 대표(신흥우, 변성옥, 오기선, 노보을, 김종우)

남감리교회 조선연회 대표(양주삼, 윤치호, 정춘수, 위임세, 왕 래)

미감리교회 조선 주재 감독(베익커)

남감리교회 조선 주재 감독(커-ㄴ)

1930년 12월 2일 오전 10시 서울협성신학교에서 제1회 기독교조선감리회 총회가 개회되었다. 총회는 12월 12일까지 진행되었는데 주요 안건으로 기독교조선감리회 헌법과 장정, 각종 규칙 등이 통과되었고, 우리가 믿는 '교리적 선언'과 '사회 신경'이 채택되었다. 초대 총리사로는 양주삼 목사가 선출되었다.

(1) 미·남 감리교회의 합동 배경
한국에 주재하는 감리교와 장로교 선교사들 간의 초교파 연합 사업은 출판물에서부터 시작되었다고 할 수 있다. 선교 초기부터 감리교회와 장로교회는 각각의 필요성에 따라 각종 간행물을 발간하였다.[52] 그러나 일본의 통치하에서 심한 탄압이 있자 양 교파는 이에 대처하는 방안으로 1915년 12월에 하나의 간행물인 '기독신보'를 창간하였다.

이와 같이 교회 연합 사업이 초교파적으로 추진되자 한국의 남북감리교회에서도 합동 작업을 시작하였는데, 이는 공동 번역 사업부터였다. 이에 대한 다음의 글을 보자.

> 웰취 감독(Bishop H. Welch, 越就)을 대표로 한 미감리교회 진흥방침연구위원과 보아즈 감독(Bishop H. A. Boaz)을 선두로 한 남감리교회 진흥방침연구위원 합동위원회에서는 1924년 2월 5~6일 양일간 서울 피어선성경학교에서 회합한 후 먼저 전도, 교육, 출판 등을 공동 사업으로 할 것과 성례 예문과 교회, 직명 통일을 위해 교회와 장정을 공동 번역키로 합의한 후 그 위원으로 변성옥, 케불, 양주삼, 하디 등을 선택한 바 있다. 그러나 이 통합안은 1925년 미국 남감리교회 총회에서 거부됨으로써 결국 뜻을 이루지 못하고 말았다.[53]

이같이 합동 번역 사업의 뜻은 이루어지지 못했으나 이 위원회의 활동 이후인 1926년에 조선 남북감리교회 통합방침연구 연합위원들의 협의가 이루어져 '조선 남북감리교회에 보내는 보고서'와 '미국 남북감리회 총회에 제출할 합동 청원서'를 한국 두 연회와 미국 두 총회에 각각 보냈고, 그 결과 한국 남북감리교회 합동의 승인을 받게 되었다.

(2) 교리의 특색[54]

감리교회가 지닌 교리의 특색은 1930년 12월 2일 제1회 총회에서 정한 '교리적 선언'에서 찾을 수 있다. 물론 교리적 선언은 선교 초기에 남북감리교회가 필요에 따라 미국 모교회의 교리에서 발췌하여 실시해 온 것과 감리교회 창시자인 존 웨슬리가 정리한 '종교 강령'을 벗어날 수 없다. 이러한 사실은 다음의 교리적 선언의 시작과 끝 부분의 설명에서 찾을 수 있다.[55]

• 앞부분

그리스도교의 근본적 원리가 시대를 따라 여러 가지 형식으로 교회 역사적 신조에 표명되었고 웨슬리 선행의 '종교 강령'과 '설교집'과 '신앙주석'에 해석되었다. 이 복음적 신앙은 우리의 유업이요 영광스러운 소유다.

우리 교회의 회원이 되어 우리와 단합하고자 하는 사람들에게 아무 교리적 시험을 강구하지 않는다. 우리의 중요한 요구는 예수 그리스도께 충성함과 따르려고 결심하는 것이다. 웨슬리 선생이 연합속회 회칙에 요구한 바와 같이 우리의 입회 조건은 신학적보다 도덕적이요 신령적이다. 누구든지 그의 품격과 행위가 참 경건과 부합되는 이상에는 개인 신자의 충분한 신앙 자유를 옳게 인정한다.

• 부록(뒷부분)

우리는 모든 사람에게 생명과 자유와 기쁨과 능력이 되는 이 복음을 선전함이 우리 교회의 신성한 천직인 줄 알고 그 사업에 헌신함.

여기서 보듯이 조선 감리교회의 교리는 '복음적 신앙'에 토대를 두었고, '신령적이고 … 참 경건과 부합되는 것' 을 강조하고 있다. 감리교 교리의 특색은 복음주의와 경건주의를 강조하고 있음이다.

교리적 선언의 내용은 8가지로 되어 있다. 1조에서 4조까지(하나님, 예수 그리스도, 성신, 은혜)는 하나님에 대한 부분이고, 5조에서 8조까지(성경, 교회, 천국, 영생)는 신앙에 관한 부분이다. 우리는 하나님을 믿고 생활하므로 영생에 이르는 것이다. 이처럼 감리교 교리적 선언을 두 부분으로 구분하듯이, 그 특색도 크게 두 가지로 나눌 수 있다.

1) 죄를 용서하시는 하나님의 은혜

기독교조선감리교회 제1회 총회에서 정한 교리와 장정(1931년 판) 제2장 역사적 선언 내에 미감리교회 '종교의 강령' 의 제1조에는 '성삼위일체를 믿음' 에 대하여 말하고 있다. 그리고 교리적 선언의 1조에서 3조까지는 삼위일체이신 하나님, 예수 그리스도, 성신에 대하여 말하고, 4조에서

'우리는 **사랑과**[56] **기도의 생활**[57]을 믿으며 **죄를 용서하심**[58]과 모든 요구에 넉넉하신 은혜[59]를 믿으며' 라고 했다.

우리의 하나님은 은혜의 하나님이시기에 '죄를 용서하시는' 분이시다. 용서의 하나님을 만날 수 있는 길은 '사랑과 기도의 생활' 이다. 그리할 때 그분은 '모든 요구에 넉넉하신 은혜' 의 자리로 우리를 나아가게 하신다. 우리의 죄를 용서하시는 하나님은 은혜를 베푸시는 분이시다. 그러므로 감리교회는 그분에게서 받은 은혜(예수를 구세주로 영접하면 값없이 베푸시는 죄 용서하심)로, 곧 하나님으로부터 받은

사랑을 다른 사람에게 나눌 수 있는 사람으로 우리를 이끄시는 삼위일체의 하나님을 믿는다.

2) 하나님의 뜻을 향한 신앙(성화) 생활

'교리적 선언'은 5조와 6조에 있는 대로 '성경과 교회'를 통하여 '하나님의 뜻이 실현된 인류사회가 바로 천국임'을 믿고(7조), '의의 최후 승리와 영생을 믿는다'(제8조)고 신앙생활을 강조하고 있다. 제1회 총회에서는 '성신의 잉태와 십자가의 유혈(流血), 속죄와 부활 승천과 최후 심별(最後 審別)'이라는 항목을 삽입하자고 장시간 논의를 했으나, '제5조에서 구약과 신약의 말씀을 믿는다'고 되어 있으니 중복할 필요가 없다는 이유 때문에 이 항목이 삽입되지 않았다. 이같은 토론이 있은 후 이 안은 부결되었고, 부록으로 있는 '우리는 모든 사람에게 생명과 자유와 기쁨과 능력이 되는 이 복음을 선전함이 우리 교회의 신성한 천직인 줄 알고 그 사업에 헌신함'을 믿는다는 원안대로 교리적 선언이 통과되었다.[60] 다시 말해 제7조의 '하나님의 뜻이 실현된 인류사회가 천국'이라고 한다면 감리교인들은 부활과 승천, 내세의 심판을 믿지 않는다는 비판을 받을 수 있다는 것 때문에 이에 대한 토의가 장시간 대두되었던 것이다. 이에 대하여 정경옥 박사는 '예수를 구속주로 믿는 이상, 동정녀의 탄생, 십자가의 죽음, 부활, 승천에 대하여 기록이 없다 해도 문제될 것이 없는 것은 요한계시록 21장에 나타난 신천신지의 영생 사상에는 예수의 재림 사상은 의당 포함되어 있다는 것이다' 또 '제5조 구약과 신약에 있는 말씀을 그대로 믿는다는 것으로도 대답이 된다'고 말하며, 이는 '기독교의 전반적인 교리를 심도 있고 간결하게 시대의 형식에 의하여 표현한 것'[61]이라고 설명했다.

다음은 '교리적 선언' 의 제7조 내용이다.

> 우리는 하나님의 뜻이 실현된 인류사회가 천국임을 믿으며 하나님 아
> 버지 앞에 모든 사람이 형제 됨을 믿으며

하나님은 우리의 아버지시다. 그러기에 우리는 하나님의 자녀다.
하나님의 자녀이기에 우리는 그분의 형상을 보유하고 이로써 그분의
뜻을 따라 사는 자가 된다. 이 말은 우리가 죄에서 해방되고 의를 행
하는 자가 되게 하신다는 말이다. 이에 대하여 교리적 선언의 제5조
에서는 성경, 곧 '하나님의 말씀이 신앙과 실행의 충분한 표준' 이 되
어 이 땅에서 생활하게 하고, 제6조에서는 '살아계신 주 안에서 하나
이 된 모든 사람들이 예배와 봉사를 목적하여 단결한 교회' 에서 하
나님 나라의 백성으로 살게 한다고 말한다.

하나님은 창조하실 때부터 우리가 사는 이 땅을 하나님의 통치 하
에 두셨다. 그러기에 하나님은 우리가 사는 인류사회를 하나님의 통
치 대상으로 삼으셨다. 하나님의 통치는 정의와 자비하심으로 행하
시되, 아버지가 되시어 우리를 다스리신다. 그러기에 우리는 '하나
님 앞에 모든 사람이 형제 됨을 믿는다' 고 고백한다. 자신의 허물과
죄를 자복하고 돌아오는 자에게는 자비하심으로 용서하시고, 하나님
의 말씀을 거역하는 자에게 정의로 심판하시는 하나님이다. 심판
도 하나님의 자비하심 때문이다. 그러기에 하나님의 뜻은 우리를 사
랑하심에 있다. 사랑의 하나님 앞에 예배하고 감사하여 섬기고 봉사
한다. 이 사랑을 체험한 우리를 통해 하나님의 뜻이 이 사회에서 이
루어 가기를 바라시는 하나님이시다. 감리교인은 '하나님의 뜻이 실
현된 인류사회가 천국임' 을 믿는다. 그리고 이 일에 우리 모두가 '하

나님 아버지 앞에 형제됨'을 믿는 것이다.

2. 기독교조선감리회의 제도와
자치 교회 출범

미감리회 선교사가 입국한 이래 45년이 되는 해인 1930년에 기독교조선감리회가 자치 교회로 탄생했다. 그러나 감리교회의 특색인 감독 중심의 제도와 의회 제도라는 좋은 체제를 자치적으로 운영하기에는 미흡한 시대였다. 합동할 당시에 웰취 감독이 총회 설교에서 외쳤던 '진정한 기독교회, 진정한 감리교회, 진정한 조선교회 조직'으로써의 기능을 갖추었다고 하기에는 미흡했다는 말이다. 이는 미국 선교부를 대표하는 선교사들이 중심이 되어 운영하는 '중앙협의회'의 영향에서 아직까지 벗어날 수 없었다는 점에서 그렇다. 그러나 기독교조선감리회를 대표하는 총리사(감독)가 한국인으로 선출되었다는 점에서 자치 시대를 거쳐 자립 시대를 이루는 새로운 전환점을 이루었다고 하겠다.

1934년 총회에서는 '장정 제정의 목적'을 규정(제1편 역사와 교리)하므로 '교회의 사명인 복음 전파와 참된 혁신, 여러 교파와의 관계 증진으로 세계를 천국화시키는데 협력하고 그 본분을 완성코자 한다'고 밝히므로 자치 교회로서 다른 교파와의 입장과 방향을 분명히 하였다.

장정 제정의 목적[62]
감리교회가 늘 믿는 것은 그리스도교회의 어떤 교파든지 죄인을 찾아 구원하며 오순절의 정신과 생활을 전파하는 능력이 있는 것이 그 존재의 정당하고 그릇됨이 없는 오직 하나인 증거라는 것이다. 그리하여

감리교회는 형식보다는 종교의 요소에 주의하여 왔으며, 또 그리스도
교의 참된 교파일지라도 의식에나 제도에나 치리에는 서로 다른 점이
많이 있을 수 있는 것을 용납하며 인정하는 것이다. 감리교회의 규칙
과 장정과 관례의 오직 하나인 목적은 하나님의 맨 처음 사명대로 복
음 전파와 모든 참된 혁신과 예수 그리스도의 단일한 교회의 분자인
여러 교파 사이에 친밀한 관계를 증진시키는데 선봉자가 되며 또 하나
님의 독생자를 위하여 세계를 천국화시키는데 여러 교파로 더불어 협
력하는 동역자인 본분을 완성하고자 함이다.

(1) 제도의 특색

기독교조선감리교회의 제도는 크게 두 가지 특색을 지니고 있다.
하나는 교회 운영에서 민주적인 체제라 하는 의회 제도이고, 다른 하
나는 감독정치라고 하는 총리사(總理師) 제도다.

1) 민주적인 의회 제도

기독교조선감리회는 의회 제도의 특징을 지니고 있다. 물론 감리
교는 모든 사람을 구원의 대상으로 삼는 하나님의 섭리하심, 곧 만인
구원의 교리(경험을 강조하고, 선교 정신을 고취)로부터 시작되었기에 교
회의 모든 운영도 민주적인 제도인 의회제라는 점에 관심을 둘 필요
가 있다. 교인 전체가 참여한다는 점에서 그러하다. 1930년 총회에서
헌법으로 제정한 의회제에 대하여는 아래와 같으나 이는 합동 이전
의 미·남 감리교회의 의회 제도인 '직익회, 장유회, 계삭회, 연차회
의'의 제도로, 헌법에 제정한 의회제와 김광우 목사가 정리(개정, 축
소, 통합)한 의회제는 아래와 같다.

• 헌법에 제정한 의회제[63]

본 교회의 의회제는 당회와 구역회와 지방회와 연회와 총회로 조직하되 이 모든 의회 직무와 권한은 총회가 작정함.

1. **당회**는 그 예배당의 정회원 전부와 그 예배당에 정식으로 관계된 연회 회원으로 조직함.

2. **구역회**는 관할 구역마다 조직하되 회원의 자격은 총회가 작정함.

3. **지방회**는 지방마다 조직하되 회원 자격은 총회가 작정함.

4. **연회**는 총회가 조직하되 수효는 하나이나 혹 그 이상으로 하고 회원은 연회마다 그 회의 정회원 된 목사들과 그와 동수의 평신도 대표들로 조직하고 연회 내에 협동회원도 포함하되 그의 자격과 권한은 총회가 작정함.

5. **총회**는 목사 대표들과 그와 동수의 평신도 대표들로 조직하되 대표를 선택하는 방법은 총회가 작정함.

• 합동 이전의 미·남 감리교회 의회제를 개정, 축소, 통합[64]

우선 교회 운영의 의회가 되는 당회에 있어서 원 북감리회에서 직인회·장유회, 원 남감리회에서 당회라고 부르던 것을 당회로 통일하였고, 원 남북감리회에 계삭회라 부르던 구역 내 교회 전 임원회의를 구역회라고 개정하였으며, 계삭회는 1년 4차(계절마다) 정기적으로 회집하였으나 구역회는 연 2회로 축소시켰다. 원 남북감리회에서 매 연회라고 호칭하던 연차회의(Annual Conference)는 '연회'로 간소화시켰다. 조선감리회 최고 입법기관이요 총리사(미국 교회의 감독)를 선출하는 최고 회의는 총회(General Conference)로 정했다.

감리교회의 의회는 교인 전체가 참여하는 개체 교회의 당회로부터 시작한다.[65] 구역회와 지방회도 각 교회에서 선출된 대표들로 조직하고, 정책을 실행하는 3개 연회도[66] 목사와 평신도 대표의 동수로 정하며[67] 법과 정책을 정하는 총회도 목사 대표와 평신도 대표의 동수로 구성하므로, 교인 전체가 평등하게 참여하는 민주적인 제도를 채택하고 있는 것이 감리교 제도의 특색이라 할 수 있다.

2) 총리사(감독) 중심의 제도

기독교조선감리회는 총리사(감독) 중심의 제도를 특징으로 한다. 총리사(감독) 중심이기에 감독정치라고도 한다. 이는 감독의 관할 하에 지방의 감리사 제도와 교회의 속회 제도가 운영된다는 특징도 지닌다. 총리사(General Superintendents)는 4년 임기 선출제로 재임할 수 있기에 평생직임을 맡는 미국과는 구별되나 그 권한과 직무는 같아 기독교조선감리교회는 민주적인 제도를 택하였다고 하겠다. 기독교조선감리회의 최고위원인 총리사(감독)의 직무는[68] 다음과 같다.

- **총리사(감독)의 주요한 직무[69]**
1. 총리사는 교회 안 신령상과 물질상 모든 사업을 감찰하며 교회 안 모든 연회와 지방을 순회 시찰함.
2. 총리사는 총회와 연회와 지방회를 사회함.
3. 총리사는 목사 2인 이상의 보좌로 목사 안수례를 집행할 권이 있음.
4. 총리사는 연회에서 교역자들의 임명기를 제정하되 파송위원들의 과반수의 동의를 요함.
6. 총리사는 연회나 총회 때에 일어나는 모든 규칙상 문제를 즉결하든지 위원에게 맡기든지 그 회의 의견대로 하고 모든 법률상 문제는 총회가 제정한 재판법대로 판결.

11. 총리사는 직권상으로 총회 모든 국과 부의원이 됨.

13. 총리사는 총리원 원장이 됨.

1934년 제2회 총회 '총리사의 강설(講說)'에서 양주삼 총리사는 교역자 보수 제도, 의회 제도, 총리사와 감리사 제도, 총리원에 대하여[70] 구체적으로 제안하였고, 이를 건의안에서 심의하여 결의하였는데 그 중요 내용은 다음과 같다.

- 건의안 주요 결의 사항[71]

1. 총리원 4국(전도국, 교육국, 사회국, 재무국)에는 위원장과 총무 제도를 두고, 이사회에서 각 국 위원을 택하기로 한다.

2. 목사가 만 65세 되면 자연 은퇴하고, 60세부터 자진 은퇴할 수 있게 한다.

3. 지방 목사제를 폐지한다.

4. 연회 준회원은 교회 담임자에 한한다.

5. 선교사협회를 조직하기로 한다.

1938년 제3회 총회에서 '본 교회의 최고임원은 총리사나 감독이라 칭함'이라고[72] 개정함으로, 교리와 장정 제3편(입법과 행정) 제7장(교직자) 제4관에서 종래에 사용해 오던 '총리사'라는 용어 대신에 감독이라고 명칭하고 그 직무도 그 내용을 축소하여 간단명료하게 규정하였다.[73]

(2) 자치 교회 출범과 중앙협의회

제1회 기독교조선감리회의 탄생은 자치하는 교회로의 출범이라는

데 그 의미가 크다. 그러나 미국 모교회인 남감리교회 총회에서는 '미국 모교회와 관계를 유지해야 한다' 는 조건부로 조선 남북감리교회의 합동을 승인하였다는 점에서 조선 교회는 완전 자치 교회라 할 수 없다. 그 결과로 생긴 기구가 '중앙협의회' 다. 당시 중앙협의회가 다룬 주요 업무 사항은 다음과 같다.

- 중앙협의회의 주요 업무 사항[74]
  1. 한국 교회에 있어서의 선교사들의 위치
  2. 선교사들이 경영하는 기관의 이사와 직원 선택
  3. 선교사들의 진퇴 문제
  4. 미국 교회에서 받는 선교비 문제 등

1) 감리교 특색과 자치 교회 출범

　1934년 제2회 총회 석상에서 양주삼 총리사는 조선감리회가 조직된 이후에 4년 만에 처음으로 개최하는 회의임을 강조하며, 인사와 함께 감독으로서의 사역(使役), 선교부 사업, 여러 부분으로 나눈 감리교회의 현황과 당면한 문제를 아주 구체적이면서도 진지하게 보고하였다. 그리고 자치 교회로서 감리교회가 나아가야 할 방향에 대해 제안했는데, 그 중에서 중요한 부문(총회의 직무라는 6항)을 보면 다음과 같다.

- 금번 총회의 직무(6항)[75]

　교회가 조직된 이후 금번 총회는 처음으로 모이는 총회인 만큼 제1회 총회에서 미비하였던 것과 오산하였던 것을 금번 총회에서는 교정하며 완성하여야 되겠습니다. 그뿐만 아니라 우리 교회의 조직은 간단하고도 능률이 충분하여 교회로서 맡은 바 모든 책임을 감당할 수 있으며 우리 신자들은 진보적이면서도 신령하여 예수의 희생적 정신과 웨슬리 선생의 부흥적 열성을 실현하며 또 우리 교회에 대하여서는 지극한 충성을 가지게 할 것이 금번 총회의 제일 큰 요구라고 하겠습니다.

이미 앞에서 다루었듯이 감리교의 제도적 특색이 감독 중심의 제도와 의회 제도라고 한다면, 조선감리회 창립 후 조직한 감리교회의 최고위원인 총리사(감독)가 4년 동안 자치 교회로 출범해 조선교회를 운영한 후 드러난 현상을 중심으로 제도적 운영에 대한 전반적인 면을 분석하고 제안했다는 것 그 자체에 큰 의미를 두며, 양주삼 총리사가 지적한 내용을 받아들일 필요가 있다. 즉 그 내용은 '제1회 총회에서 미비하였던 것과 오산하였던 것'을 찾고 세 가지 방향으로 나아갈 것을 제시한 것이다.

1. 교회 조직은 간단하고도 능률이 충분하여 교회로서 맡은 바 책임을 감당할 수 있어야 하고
2. 신자들은 진보적이면서도 신령하여 예수의 희생적 정신과 웨슬리 선생의 부흥적 열성을 실현하는 것이며
3. 우리 교회에 대하여는 지극한 충성을 가지게 할 것이다.

이를 바꾸어 말하면 교회 조직이 능률적이지 못하고, 교인들의 희생과 열성이 부족함이며, 또한 '우리 교회에 대하여'라는 말은 공동체인 감리교회에 대한 충성이 미흡하다는 의미로 받아들일 수 있다. 이런 점에서 양주삼 총리사의 보고와 제안을 통해 당시의 상황을 크게 두 가지로 요약할 수 있다. 하나는 조선 감리교회의 현상 보고를

통해 본 문제점이고, 다른 하나는 미선교부의 사업 보고를 통해 본 문제점이다. 이 점에 대하여는 '과도 체제 하의 중앙협의회의 조직과 운영' 이라는 항목에서 다루고자 한다.

2) 과도 체제 하의 중앙협의회 조직과 운영

양주삼 총리사는 1934년 '우리 교회의 현상' 이라는 총회 보고에서 '우리 교회의 현상으로 말하면 별로 자랑할 만한 것도 없고 또 그다지 수치스러울 것도 없는 줄 압니다. 우리는 과도시기를 당한 까닭에 영적으로나 물적으로나 곤란한 중에 있는 것은 사실이며' 라고 했다. 그 사업의 현황에 대하여 이렇게 말하므로 대부분의 사업이 미선교부에서 하는 것임을 감사하면서도 한편으로 자치 교회로서 우리가 해야 할 일을 강조하고 있다.

> 이상 금액의 용도를 분명히 종별하였거니와 두 선교부에서 경영하는 병원과 전문학교와 신학교를 제하고도 유치원이 107처요, 초등학교가 71처요, 중등학교가 12처입니다. 우리를 위하여 선교부에서 이와 같은 기관 사업을 하고 있을 뿐더러 신령한 은혜를 끼쳐 주는 것은 측량할 수 없으니 우리는 선교부에 대하여 감사할 것밖에 없습니다. 그러나 … 우리가 불신자에게 전도함으로써 … 76)

또 '선교부의 사업' 에 대하여는 '두 선교부에서 조선 선교를 위하여 하는 사업과 쓰는 금액이 아직도 거대' 하나, 지금은 '중앙협의회' 에서 모든 금전을 지출하고 있음을 말했다. 감사와 영광을 하나님께 돌린다고 말한 양주삼 총리사는 자치 교회로서 질적으로 향상할 것을 이렇게 강조하고 있다.

이상 숫자에 나타나는 것을 볼 것 같으면 교회의 수효로나 신자의 수효로나 교역자의 보수로나 … 과거 4년 동안에 현상을 유지할 뿐만 아니라 조금이라도 진보한 줄 알고 모든 감사와 영광은 하나님께 돌립니다. 그러나 **교회의 존재한 목적은 자체가 유지코자** 하는데 있지 않을 뿐더러 지금은 우리가 양보다도 **질을 더 취하여야** 될 때인 줄 압니다.[77)

이상에서 보듯이 자치 교회라는 이름으로 조선 감리교회가 출범은 하였으나, 미국 모교회의 두 선교부 대표들과 조선 감리교회측으로 조직된 '중앙협의회' 라는[78) 과도 체제 하에서 조선 감리교회가 운영되었는데, 김광우 씨는 이를 일컬어 중앙협의회가 '한국 총회보다 격상되었다' 고 말하며 이것이 한국 교회 자치성에 저해요인이 되었다고 말한다.

우리가 아는 대로 한국 감리회 선교 사업은 교회보다 기관 사업에 치중해 왔던 만큼 교육, 의료, 사회관 사업들이 타 교과에 비해 수도 많았거니와 내용도 충실하게 운영되어 왔다. 그런데 이런 **거대한 사업 운영이 중앙협의회의 업무라면 중심은 자연히 한국 교회 총회보다 격상될 수밖에 없다.** … 물론 1930년대까지도 감리교회의 그 많은 기관들은 모두 선교사들이 주도하고 있었던 만큼 앞으로도 이사 배치, 직원 채용, 운영비 조달에 있어서 경영진들의 계획에 조금도 차질이 없게 해야 한다는데 중협 같은 기구가 절대 필요했을 것이다.
중앙협의회는 한국 교회에 기여한 바도 적지 않다. 그러나 반면에 **한국 교회의 자치성에 저해요인이 되었던 것도 부인할 수 없는 사실**이었다. 경제적 자립 없이는 자주자립의 불가능성을 실증으로 보여 준 것

이다.[79)

    중앙협의회가 이렇듯 운영상 여러 면에서 문제점이 있게 되자, '조선교회 전도비는 총리원을 통하고 각 선교기관 예산은 선교사협의회를 통하여 중앙협의회에 제출하여 승인을 받는다' 는 등 중앙협의회의 규칙을 정정하는 한편, 1933년에 조선에서 사역하는 미감리교 선교사들로 '재조선감리교회선교사협회' 를 조직하고 1940년까지 선교사회를 운영하였다.

3. 일본의 탄압과 기독교조선감리교단 창립

    1939년에 일본은 기독교를 탄압하는 종교단체법을 제정하였다. 이로써 모든 종교는 선교의 자유와 언론, 집회 등이 통제되었고, 1941년 3월 10일에 임시특별총회를 서울 정동교회에서 개최하여 기독교조선감리교단 규칙안과 혁신 5조항을 통과시킴에 따라, 기독교조선감리교회 3개 연회(동부, 중부, 서부연회)가 해체되게 되었다. 그리고 감독을 교단통리자라 칭하고, 총리원도 감리교단 본부(각 국을 폐지하고 주임을 둠)로 이름하였다. 연회를 교구로 이름을 하여 조직하였는데, 그 조직은 다음과 같다.

    연회를 교구로 조직 개편
    1. 가원동교구(원산, 강릉 지방)
    2. 강원서교구(철원, 춘천, 원주 지방)
    3. 충청교구(공주, 홍성, 천안 지방)
    4. 경기남교구(수원, 인천, 이천 지방)

5. 경기북교구(개성, 평천 지방)

6. 경성교구(경성남, 경성북, 경동 지방)

7. 황해교구(해주, 사리원 지방)

8. 평안동교구(평양, 영변 지방)

9. 평안서교구(강서, 진남포 지방)

10. 만주교구(동만, 북만 지방)

　　김광우 씨는 임시특별총회에서 규칙안과 함께 통과된 감리교 혁
신 5조항을 다음과 같이 요약하였다.

　　감리교 혁신 5조항의 내용을 간추리면,

　　제1 '사상선도'에서는 예수의 사회 형제주의를 일본의 팔굉일우의 사
상에서 그리고 예수의 희생정신은 일본의 충군애국으로 구현하고 서
구의 민주주의, 개인주의, 자유주의, 공산주의는 배격 근절시킨다.

　　제2 '교학쇄신'에서는 일본 국학과 군사 훈련을 중학교, 전문학교, 신
학교에서 교수 또는 강화시키고 경전에서 유태의 역사와 문화인 구약
은 배제하여 서구문화 발달 과정에서 발행한 현대신학을 제거한 후 오
로지 예수의 생애와 교훈인 4복음만을 성경으로 삼는다.

　　제3 '사회교육'에서는 신사참배 그리고 교회 기관지, 강연회, 성경공
부, 특별 또는 개인 전도를 이용하여 황도를 선양하고 국민정신 총동
원 행사와 교회 애국반 행사를 통해 국방에 힘쓴다.

　　제4 '군사후원'에서는 신도들로 하여금 일본 군재에 입대를 장려하고
공산주의는 적극 방지한다.

　　제5 '기관통제'에서는 한국 교회는 일본 메소지스트 교회와 합동하고
선교부 재정 원조를 거부하며, 선교사들은 각 기관의 책임자나 지도적

위치에서 떠나야 하고, 신학교는 혁신을 단행하며 중앙협의회는 해산
한다.[80]

드디어 1943년 10월 14일에 일본기독교조선감리교단이 만들어지
고 통리에 화곡춘수(禾谷春洙) 목사(정춘수)가 취임하였다.

.

해방 후와
연회장 제도
(1945~1975)

III. 해방 후와
연회장 제도(1945~1975)

    1945년 8월 15일은 36년의 일본 통치가 끝난 광복의 기쁨이 넘치는 날이었다. 그러나 이 일도 잠시뿐 38선을 경계로 남과 북이 분단된 가운데 감리교회도 재건과 복흥이라는 대립관계 속에서 반목하다가 1946년에 분열의 총회가 개최되었고, 재건측(1946년, 종로교회)과 복흥측(1948년, 동대문교회)에서 각각 감독을 선출하기에 이른다.

    그럼에도 양측은 하나가 되는 운동 끝에 1949년 4월 29일 정동교회에서 제5회 통합총회를 개최하여 김유순 감독을 선출(4년에서 2년제로 개정)하고, 종래의 기독교조선감리회를 기독교대한감리회로 개정하였다. 일 년 후인 1950년 6·25 전쟁으로 많은 교역자와 교인들이 남으로 피난길에 올랐다. 전쟁 중인 1951년 11월 2일에 제6회 총회가 부산(중앙장로교회)에서 개최되어 류형기 감독을 선출하였다. 이때 6·25 전쟁으로 영호남 지역에 많은 교회들이 설립되자 남부연회를 신설하는 건의안이 나와 통과되었고, 1953년 특별총회에서는 군목제도를 신설하였다.

    1954년 3월 15일 정동교회에서 개최된 제7회 총회에서는 총회 기간을 2년에서 4년으로 개정하고, 연회원과 감리사 임명에 관한 규칙

수정안을 통과시켰다. 이로 인하여 일부 회원들은 1955년 3월 1일 천안에서 '호헌감리회 신도대회'를 갖고 감독 불신임, 감리사 임명제 반대 등을 요구하며 비상조치법을 제정하고 김응태 목사를 감독으로 선출하였다. 이들은 1959년 3월 연회부터 하나가 되었다.

1962년 7월 4일 정동교회에서 제9회 총회가 개최되었는데, 이는 총리원 회계의 공금 유용 사건과 1960년 4월 학생혁명, 1961년 군사혁명 파동 등으로 교회 내에 새로운 운동(임석캠프장 하기수련회 시)이 전개되면서 이에 대한 방안으로 감리교 총리원의 인사를 새롭게 조직하고자 하는 총회였다. 그러나 1966년 제10회 총회에서는 110여 차례나 투표를 하면서 감독을 선출하려 했으나 과반수를 얻지 못해 끝내 감독을 선출하지 못하였다. 이에 9명의 임시운영위원을 선출하고 그들로 하여금 헌법과 규칙안을 준비하여 특별총회에 상정하기로 하고 폐회하였다. 그리고 1967년 3월 2일 특별총회에서 다원제 감독제를 전제 조건으로 하는 연회장 제도 신설 개정안을 통과시켰다.

1970년 10월 20일 제11회 총회에서는 선교 중심의 정책을 위하여 총리원 기구 개편(전도국을 선교국으로)을 하였다. 그러나 경기도 일원의 7개 지방 교회가 경기연회를 열고 김정구 목사를 연회장으로 선출하였다. 1974년 제12회 총회에서는 20여 차례의 감독 선거로 인해 의안 처리 과정에서 대립이 생기면서, 총회의 불법성을 주장하며 나간 40여 명의 갱신측 총회 대표들이 모여 마경일 목사를 감독으로 선출하였다.

1. 기독교대한감리회의 탄생과 분열

일제하에 교회 지도자들이 당했던 고통을 모두가 공감하면서도 해방으로 종교의 자유를 누리게 되자, 감리교회 지도자들은 일본 통치 시에 보였던 자신의 신앙에 대한 입장을 서로 주장하며 반목하였다. 즉 일제 말에 일본이 기독교를 일본화하려 했을 때 이에 불응하므로 파면당한 목사들이 중심이 된 재건측과 이는 불가항력이었다고 주장하는 목사를 중심으로 모인 복흥측의 대립이다. 이와 같은 분열의 아픔은 3년이 넘게 계속되었다. 교회의 신임은 크게 추락하였다. 이러한 어려움 속에서 1949년 4월 29일 서울 정동교회에서 기독교대한감리회 통합총회가 개회되었고, 김유순 목사를 감독으로 선출하였다.

그러나 이로부터 얼마 되지 않은 1955년에 호헌측의 분열, 그리고 1970년에 경기연회가, 1974년에 갱신측이 분열되면서 그 아픔은 더해갔다.

(1) 아픔 속에 기독교대한감리회 탄생

1945년에 해방이 되자 우리나라와 감리교회는 공통되는 분열의 아픔을 겪었다. 국가는 남과 북의 분단이라는 아픔을 겪었고, 감리교회는 교회 지도자들 간의 대립 속에 분열이라는 아픔을 겪었다. 이런 상태에서 국가는 미군정 하에서 3년이 지난 1948년 8월 15일에 대한민국의 정부를 수립하였고, 감리교회는 이보다 늦은 1949년 4월 29일에 기독교대한감리회를 탄생시켰다.

1) 재건파(再建派)와 복흥파(復興派)의 대립

1945년 9월 8일 서울 새문안교회에서 열린 일본 기독교조선교단에서 일했던 초교파 교회 지도자들이 모인 대회에 참석한 몇몇 감리교 지도자들이 그 불법함을 주장하고 나와서 11월에 동대문교회에서 모임을 갖고 재건중앙위원회(위원장 이규갑)를 조직하였다. 이들은

1946년 4월 5일 감리교신학교에서 기독교조선감리회 중부와 동부 연합연회를 개최(본회에서 선언문 낭독)하였다. 그러나 이 회에 참석했던 평신도 지도자(장세환, 조민형 등)들은 퇴장하였고, 이들은 4월 7일에 수표교에서 복흥신도대회를 열고 감리회 수습대책위원으로 선임되어 조직에 대한 전권을 위임받았다.

다음은 재건측 선언문의 주요 내용과 복흥측 성명서의 주요 내용이다.

• 재건측 선언문의 주요 내용[81]

1910년 8월에 일제가 불법으로 한국을 병탄한 이래 1945년 8월 15일에 연합군에 무조건 항복하기까지 폭정 하에 조신기독교회는 무리한 간섭과 혹독한 박해를 당하였었다.

(중략)

이제 기독교조선감리회의 신도들과 교역자들은 새롭고 영광스러운 새 시대를 맞이하여 과거의 죄과를 통회하고 의식을 새롭게 하여 몸과 마음을 다시 바쳐 하나님의 부르심을 다시 인식하고 도의적인 조국 재건에 공헌할 것을 서약하는 바이다. (생략)

기독교조선감리회 중부 및 동부연회는 서울시에 모여 다음과 같이 선언한다.

1. 1939년 이후 왜(일)인의 탄압 정책 하에서 우리 교회가 내정간섭을 당한 것은 사실이다. 그로 인하여 행정이나 규정된 것은 일체 이를 부인한다.

2. 그간에 왜인의 간섭으로 소집되지 못했던 기독교조선감리회 중부 및 동부연회는 지금에 소집된 것을 이에 선언한다.

3. 이번에 기독교조선감리회에 속한 목사들과 각 구역에서 선임된 신

도 대표들로 구성한 중부 및 동부연회는 기독교조선감리회의 법적 상속자요 새 조직체가 아님을 선언한다.

4. 하나님의 풍성하신 은혜와 축복이 지금 재건되는 기독교조선감리회에 임하시기를 축원한다.

1946년 4월 5일
기독교조선감리회 유지위원회
위원장 이규갑

• 복흥측 주요 성명서 내용[82]

기독교조선감리회 수습대책위원회는 이에 기독교조선감리회 복흥의 기본 방침을 성명한다.

첫째, 복흥은 반드시 진정한 기독교회가 되게 하자는 것이다.

둘째, 복흥은 진정한 감리교회가 되게 하자는 것이다.

셋째, 복흥은 조선적 교회가 되게 하자는 것이다.

우리는 이 원칙적인 정신에 따라 교회와 교회의 전통과 감리회의 헌장 및 신도들의 양심적인 여론 등의 구비된 복흥의 여러 조건을 존중히 생각하며 이것에 의거하려는 것이다.

이런 뜻에서 합법적이고 합리적인 타당한 방도를 위하는 복흥 재건을 바라는 것이다. 그런고로 유지위원회(재건측)의 독선적 독단의 이른바 혁명적 연회 창설을 배제하며 거부한다.(생략)

어느 교회사관의 발생적 순차로든 또는 법이론적 조리로 보아서 당회 조직이 그 교회 신도의 민주주의적 방법으로 먼저 이루어져야 할 것이다. 감리교회 당회가 성립되기 전, 연회가 조직될 수 없는 것이다. (생략)

이를 계기로 출발함은 귀납적 방법의 귀결로 당회, 구역회, 지방회, 연회, 총회에로 전개될 것이다. 이상의 절차를 무시하고 양심과 이론을 거부하여 가면서 모인 집회가 연회를 조직하여 교권을 발동시킬 수 없다는 것을 지적한다.(생략)

교회의 신성한 신앙의 자유를 확립시켜 그 사명을 다할 때 본회는 해산할 것이다.

1946년 4월 7일
기독교조선감리회 수습대책위원회
책임자 장세환 조민형

이와 같은 선언문과 성명서가 오고가며 3년 이상 서로의 주장이 계속되어 갔다. 이에 본부도 각각 운영하고 신학교도 분리하는 등 교권 확장이 더욱 과열화되면서 서로 인신공격은 물론 소송 사건까지 일어나면서 감리교회의 신뢰는 더욱 추락하였다. 이로 인해 합동의 필요성이 제기되었고, 이에 따라 1949년 1월 14일 복흥파와 재건파 대표들이 협의하여 양측에서 각각 전권위원 7명이 1949년 2월 7일에 모여 '통일전권위원회'(위원장 전진규)라는 이름으로 '통일의 기본 원칙'(1. 양측 교회는 무조건 통합하다. 2. 양측 교회의 일체는 통합된 교회에 받쳐진 것으로 한다.)을 정하고 연회별 준비위원에게 지방회 개최를 위촉하였다. 또 연회 일정(1949년 4월 26일~5월 2일)과 총회 일정(1949년 4월 29~30일)도 결정하였다.

2) 기독교대한감리회의 출범

1949년 4월 29일 서울 정동교회에서 통합총회가 개최되었다. 총회에 관한 규칙이 개정되었고[83] 김유순 목사가 감독으로 선출되었으며, 이로써 해방 후에 열린 총회를 출발점으로 「기독교대한감리회」가 여러 해 동안의 분열을 극복하고 공식적으로 출범하게 되었다. 그러나 김유순 감독은 1950년 4월 13일 기독교대한감리회 중부·동부 연합연회를 서울 정동교회에서 개최한 지 2개월 후인 6·25 전쟁 시에 공산군에게 납치되고 말았다. 이에 기독교대한감리회는 1951년 11월 2일 피난 중에 부산 장로교 중앙교회에서 모어 감독(Bishop Arthur James Moore)의 개회 선언으로 총회를 개최하고 류형기 목사를 감독으로 선출하였다.

(2) 계속된 분열과 제도의 변화

1954년 3월 18일 서울 정동교회에서 기독교대한감리회 제7회 총회가 개회되었다. '총회 기간(2년에서 4년으로)에 대한 헌법 개정안과 감리사 임명(감독)에 관한 규칙'이 통과되자, 개헌을 반대한 회원들은 '개헌이 교권 획득에 불과하다'는 이유로 감독을 불신임하며 호헌총회를 열고 분열하였다. 또 1970년 10월 20일 서울 정동교회에서 기독교대한감리회 제11회 총회가 개회되자, 중부연회 회원들이 '총대 선출의 부정 개표' 서명을 받은 서류를 서기부에 접수시켜 본 회의에 상정하려 했으나 기각되자 분열하여 경기연회를 조직하였다. 그리고 1974년 10월 23일 서울 정동교회에서 기독교대한감리회 제12회 총회가 개회되었다. 감독 선거에 들어가 24차 투표를 마쳤지만 과반수를 얻은 당선자가 없었다. 이를 진행하는 과정에서 40여 명의 회원들이 퇴장하였고, 이들은 갱신총회를 열고 새로운 조직을 구성하였다.

1949년에 기독교대한감리회가 첫 분열(해방 후)의 아픔을 딛고 통합하여 출발하였으나 그 후에 분열이 세 차례나 계속되었다. 분열할 때마다 외적으로 나타난 공통된 주장은 '법을 지키지 않았다' 는 것이었다. 그러나 항상 그 결과는 합의라는 이름으로 다시 하나가 되었다는 사실이다. 한편으로 분열할 때의 각오와 변화 추구는 약해지고 감리교회가 자랑으로 여겨온 제도를 보안하면서 감리교의 특색을 살리지 못했다는 점이다.

1) 호헌총회의 소집

1953년 3월 18일 대전제일교회에서 기독교대한감리회 특별총회가 개회되었다. 군목 제도가 신설되어 군 선교의 문을 여는 계기를 마련하였으나, 달러 운영의 문제 파동과 총회 조직 중 총회 기간(2년에서 4년으로) 헌법수정안이 부결되었다. 그럼에도 1954년 3월 18일 총회에 다시 개헌안(총회기간)이 상정되었다. 이에 회원들이 감리교회 헌법을 옹호한다는 이유로 성명서(위헌총회가 선정한 감독 불신임, 감리사 임명제 반대, 총회 재소집 등)를 냈다.

이들은 1955년 3월 1일에 호헌감리회 전국신도대회를 천안에서 개최하고 '감리교회의 비상조치 규정' 을 채택하면서 김응태 목사를 감독으로 선출하였다. 호헌총회는 이로부터 4년이 되는 1959년 3월 연합연회 때에 하나가 되었다. 김종필 감독은 1962년 7월 4일 정동교회에서 열린 기독교대한감리회 제9회 총회에서 '감독의 연설과 제안' 이라는 글을 통해 이렇게 말하고 있다.

> 1954년 이후로 감리교회가 양쪽으로 분열된 것을 유감된 것으로 생각하여 하나의 감리교회로 무조건 통합할 것을 원칙으로 하여 나누어진 이전 양측 교회에서 다섯 사람씩의 통일 전권위원을 선택하여 합 10인

으로 위원회가 조직되어 2차 회의를 거듭한 후 1959년 2월 2일 오전 11시 30분에 드디어 통합 설명서를 내는 동시에 하나의 감리교회로 통합한다는 10인 위원회의 조인식이 있었습니다. 그리하여 1959년 3월에 열렸던 연회는 하나의 감리교회라는 커다란 이상을 달성하기 위하여 한데 뭉치는 역사적인 회합을 갖게 되었습니다. 그때에 통일 전권 위원이 되었던 이호빈, 안신영, 장세환, 김광우, 마경일, 엄재희, 정등운, 고명균, 맹기영, 박설봉 제씨의 노고가 컸음을 치하하는 동시에 한편으로 그들 자신을 반성케 하고 최선의 사업을 자아내게 경륜하시는 우리 주님의 크신 역사하심에 대하여 감사와 영광을 돌리지 않을 수 없습니다.[84]

여기서 김종필 감독은 '무조건 통합할 것을 원칙'으로 하였다고 하나, 1954년 총회에서 감리사 임명제를 반대하며 나온 호헌측의 주장이 1958년 제8회 총회에서 받아들여져 감리사의 자격은 '연회에서 그 지방 안 목사들과 평신도 대표자들의 투표로 감리사직에 선택된 이'로 한다고 개정하였다.[85]

2) 경기연회의 조직

1970년 10월 20일 기독교대한감리회 제11회 총회가 서울 정동교회에서 개회되었다. 중부연회 소속 140여 교회가 경기연회 분리(중부연회 총대선출 때 개표부정 문제)에 대한 건의문을 서기부에 접수하려하였으나 기각됨에 따라 1970년 12월 7일에 경기연회를 창설한다는 선언문을 다음과 같이 선언하고, 1971년 3월 5일에 인천 숭의교회에서 경기연회를 개회하여 김정구 목사를 연회장으로 선출하였다.

• 연회 창설 선언문 요지[86]

1. 우리는 1970년 12월 7일부터 경기연회를 독자적으로 운영한다.

2. 우리는 '교단의 부정부패를 없이하며' 지방이나 연회 경계를 철폐한다.

3. 우리는 요구가 관철될 때까지 연회 운영을 독자적으로 장정에 따른다.

4. 제1회 경기연회는 1971년 3월 5일에 소집한다.

경기연회는 1975년 12월 2일 서울 광림교회에서 통합을 위한 총회(갱신·중부중립·연합총회)가 개회될 때까지 분리하여 운영하였다.[87]

3) 갱신총회의 소집

1974년 10월 23일 기독교대한감리회 제12회 총회가 서울 종교교회에서 개회되었다. 감독 선거를 24차까지 실시하였으나 과반수를 얻은 대상자가 없었다. 계속되는 감독 선거 의사 진행 과정에서 40여 명의 회원들이 이의를 제기하고 다음과 같은 선언문을 통해 자신들의 주장을 낭독하고 퇴장하였다.[88] 이들은 1974년 12월 10일 서울 정동교회에서 갱신총회를 갖고 마경일 목사를 감독으로 선출하였는데, 총회록에 총회 속회의 취지를 아래와 같이 기록하였다.

• 성명서 중 우리의 주장 요약[89]

1. 선교적 사명을 다하기 위하여 모든 노력을 다한다.

2. 지방색, 파벌의식을 떠나 하나가 되어 교회 갱신과 부흥을 도모한다.

3. 시대적·사회적 사명 완수를 위하여 복음의 깃발을 높이 들고 매진

한다.

• 갱신총회 회의록 중 속개 취지의 기록[90]

기독교대한감리회 제12회 총회 제2차 총회 제3차 회의까지 감독 선거
를 하지 못한 채 여러 차례 협상과 타개책을 모색했으나 끝내 소위 김
창희 국장을 중심으로 한 호헌측 총대들의 불신앙적이며 교권에 눈이
어두워진 태도에 더 이상 인내할 필요성을 느끼지 않아 교단 정화의
기치를 들고 결의한 총대들의 의사를 조피득 목사가 성명하고 분연히
퇴장하여 종교교회에서 별도 총회를 속개하다.

기독교대한감리회는 제11회 총회 시에 퇴장하여 조직한 갱신총회
와의 관계 정상화를 위하여 논의와 협의를 계속하였다. 이에 제12회
총회 1차(1975년. 10월 28일)로부터 4차 특별총회(1978년 2월 27일)까지
4년 동안이나 개최하면서 '합동선언문'을 선포하기에 이른다.

다음은 특별총회 시마다 기록한 합동에 관계된 각종 내용의 요약
이다. 이를 통해 볼 때, 제12회 총회 1차 특별총회에서는 복수 감독
제와 헌법 개정안이 통과되었으며, 제2차 특별총회에서는 연회 감독
제를 선택하는 한편, 제3차 특별총회에서는 헌법 및 규칙 개정안을
처리하고, 제4차 특별총회에서는 갱신총회와의 합동 규칙을 제정한
뒤, 1978년 10월에 합동총회에서 분열 4년 만에 양측에서 합의된 4
개 원칙에 따라 1) 완전다원화 감독제 실시 2) 사업기구 독립 및 기능
화 3) 개체 교회 중심제 4) 총대 선출의 합리화 등으로 총회를 열었
다.[91]

특별총회 시 자료에 의한 합동 관련 기록[92)]

특별총회 일시와 장소	합동 관련 기록
제12회 총회 제1차 특별총회 1975년 10월 28일 아현교회	• 특별총회 소집 경위 보고(p.91) (생략) 특별총회 소집하기까지의 직접 관계되는 몇 가지 중요 사건 등의 보고를 다음과 같이 합니다. 1. 1974년 10월 12월에 걸쳐 제12회 총회 진행 도중에 31명의 총회 대표가 불만을 품고 퇴장하여 12월 13일에 불법으로 소위 갱신총회를 종교교회에서 조직하게 되어 교회분열의 도화선이 되었습니다. 2. 그 후 12월 17일에 오걸 목사 출국 문제로 모였던 선교사의 일부가 중립을 선언하고 선교비 송금 중단을 세계 선교부에 건의하여 본 교회의 분열을 조장시키는 요인이 되었습니다. • 헌법 개정안 제안 경위 설명(p.93) 가. 1974년 10월 12월, 양차 소집한 제12회 총회에서 감독 재선 금지 조항이 결정된 것 외에 정책 문제와 특별총회에 대한 건의안이 없이 폐회했다. 나. 제12회 총회 후에 3부 연회에서 복수 감독제 개헌안을 통과시킴과 동시에 본 교회의 정상화를 도모했다. 다. 장정 개정 위원 중 이탈한 위원이 있어 부득이 총리원 이사회 실행부위원회에 위임하여서 개정안 준비했다. 라. 1974년 12월 19일 제1회 이사회에서 본 교회의 정상화를 위한 특별위원 8명을 택하고 그 후 수차에 걸처 대화한 내용을 개정안에 반영시켰다.
	• 연회 감독제 실시에 관한 세칙 심의(p.70) 연회 감독제 실시에 관한 세칙을 규칙개정위원회의

제12회 총회 제2차 특별총회 1976년 3월 18일 아현교회	김유환 씨가 일독하니 축조 심의하자는 한선준 씨의 동의가 가결되어 축조 심의한 바 다음과 같이 심의 통과하다.(제1차 특별총회에서 헌법 개정안에 의한 통과로 세칙 통과 사항임)
제12회 총회 제3차 특별총회 1977년 12월 2일 서울 정동교회	• 감독의 말씀(p.97) (생략) 불행하게도 갱신측이 이탈해 나갔으므로 이들과의 통합을 위하여 그들의 요구하는 복수 감독제를 채택하여 1976년 3월 아현교회에서 개정된 법에 의해 3부 연회 감독을 선출하고 **역사적인 완전 다원화 감독제를 채택하자** 동부연회 중립측은 교단 정상화를 위해 협력을 하였습니다. 그러나 갱신측은 이유 없는 반감과 고집을 계속하므로 이번 제2차 특별총회는 갈려 나간 남은 형제인 갱신측과의 화해의 조건이 된 4개 원칙과 그 외에 조건을 연구하여 통합의 길을 트자는데 그 의의를 가지게 된 것입니다. • 헌법 및 규칙 개정안 제안 설명(p.100) (생략) 지난 제12회 총회 이후에 야기되었던 분열 문제를 수습하기 위하여 삼부 연회가 결의한 대로 기독교대한감리회 통합추진위원회를 조직하고 갱신측에 합동을 위한 대화를 요청하였던 바 갱신측에서 기독교대한감리회 총회일치연구원회를 조직하고 대화에 응하여 왔습니다. 이 대화는 1976년 9월 13일부터 시작되어 10여 차례 계속되어 오다가 드디어 다음과 같은 4개 합동 원칙에 합의하고 통보해 왔기에 총리원 이사회실행부위원회는 이에 동의하고 1977년 7월 8일 합의 성명을 발표하였습니다. ▷4개 원칙 1. 완전 다원화 감독제

제12회 총회 **제3차 특별총회** 1977년 12월 2일 서울 정동교회	2. 사업기구의 독립 및 기능화 3. 개체 교회 중심제 4. 총대 선출의 합리화 (헌법 및 규칙 개정안을 12인 특별위원을 선정 계속 추진케 함)
제12회 총회 **제4차 특별총회** 1978년 2월 27일 서울 정동교회	• 감독의 말씀(pp.118~119) (생략) 이제 이번 제4차 특별총회에서는 첫째로 4개 항에 의거한 장정 개정안을 상정하여 총회가 통과시키고자 합니다. 둘째는 합동위원회의 보고서를 총회에 직접 상정해 달라는 요청을 받아서 합동위원회에서 결정한 원문을 그대로 상정하였습니다. • 헌법 및 규칙 개정안 제안 설명(pp.122~123) 4. 헌법 및 규칙 개정안 내용 감독 자격은 정회원 6년 이상 계속한 이로 하고, 연령은 68세까지 개정하고 총회 4년을 2년으로 개정하였습니다. **총회 대표 자격**은 정회원 5년 이상을 10년 이상의 정회원이 총회 대표가 되고 평신도 대표는 장로로 하되 장로로 임명된 최고 연수로부터 계산하여 결정키로 했습니다. **총리원**은 선교국(선교·사회), 교육국(교육·출판), 평신도국(여선교회·남선교회) 4국을 두고 재단사무국은 별도로 했습니다. **구역회**에는 기획위원회를 신설하고 구역회 회장은 담임자가 되고 본인의 인사 문제와 중대한 사건이 있을 때에는 감리사 또는 감독이 회장이 되게 했습니다.

한편 갱신측인 기독교대한감리회 제4회 총회가 1978년 5월 2일 인천 숭의교회에서 개회되었다. '교단 합동 전권위원 보고 및 법안 통과'에서 만장일치로 통과되었는데, 그 주요 내용은 다음과 같다.

• 합의사항 통과 주요 내용[93]

1. 감독의 자격과 선거
감독은 연회 정회원 20년 이상 계속 시무한 목사로 한다.
감독들은 총회에서 해당 연회 대표가 무기명 투표로 선출하되, 출석 3분의 2 이상의 찬동을 얻어야 한다. 단, 3차까지 투표하고 당선자가 없을 때는 다점자 2인 중에서 결선 투표로 결정한다.
2. 각 국 위원
각 국 위원은 연회에서 교역자 2명과 평신도 2명으로 선출하고, 국장이 천거한 전문가 3명으로 한다. 단 관재국(재단사무국)은 정관에 준한다.
3. 기획위원회
개체 교회 선교 사업을 원활히 운영하기 위하여 **교역자들과 장로들로 구성된 협의체인 기획위원회를 두어 중요한 일들을 협의한다**. 단, 위원회의 수는 7명 이상으로 하고 위원의 수가 미달일 때는 기타 임원들 중에서 보충한다.
4. 구역회
당회 실행부 위원(임원)들로 구역회를 조직하고 담임목사가 구역회장이 된다. 담임목사의 인사 문제 및 중대한 문제가 있을 때에는 구역회원 3분의 1 이상의 요청에 따라 감리사 또는 감독이 회장이 될 수 있다.

5. 총대 선출

총대 중 목사 총대는 정회원 된 지 10년 된 목사 전원으로 하고 평신도 총대는 목사 총대 수대로 연회에서 지방별로 장로로 하고 장로 된 연수의 순위에 따라 선정한다. 단, 총대의 연령은 68세까지로 한다.

이상에서 보듯이 해방 후 감리교회가 4차례의 분열이 있었음에도 하나를 이루는 통합이나 합동을 이루고 나서 공언한 공통된 점은, 교단의 단일성을 유지해 온 역사와 전통을 자랑스럽게 여겼다는 점이다. 그러나 통합이나 합동을 일구어 낼 때마다 제도의 개혁을 부르짖었고, 이로 인해 얻은 결과는 감리교회의 역사와 전통을 살리는 제도의 특색을 살리기보다는 시대 요청에 응하는 대안에 머물렀다는 점이다. 그 좋은 실례를 1978년에 기독교대한감리회와 갱신측 기독교대한감리회 총회 합동위원회가 다음과 같이 합의한 사항에서 엿볼수 있다.

• 감독 중심제와 민주적 의회 제도에 대한 부분

1. 역사와 전통을 자랑하는 감리교회의 감독 중심제의 기능을 살리지 못하게 되었다.

'기획위원회'의 운영으로 오는 문제점이다. 그 조직은 교역자와 장로 중심의 제도에로의 변화다. 이는 장로교의 제도에 버금가는 조직으로의 전환이다. 본 위원회에서 교회의 교역자 인사 문제를 결정하고, 또 일 년 동안의 일꾼인 임원도 공천하며, 교회 중요한 일도 협의라는 이름으로 결정한다. 다시 말해 개 교회 중심으로의 전환이어서 감리교회의 자랑으로 삼아온 감독 중심제의 기능을 살리지 못한 것이다.

2. 민주적 제도를 자랑하는 의회의 기능을 살리지 못하게 되었다.

감리교회의 의회는 개 교회의 당회와 구역회, 구역들의 대표들로 구성하는 지방회, 지방회에서 선출한 대표들로 조직하는 연회, 교회의 최고 지도자와 정책 그리고 법을 다루는 총회 대표도 연회에서 선출하는 민주적인 의회 제도다.

그러나 총회를 조직하는 '총대 선출' 에서는, 정회원이 된 지 10년이라는 규정을 두고 그에 따른 평신도 총대도 지방별로 장로로 하고 이에서 더 나아가 장로가 된 연수의 순위에 따라 선정하기로 함으로써, 감리교회가 전통으로 여겨온 민주적으로 선출하는 대표 선정 방법을 제한하고 만 것이다.

2. 중앙 집권 제도 지양(止揚)과 인사 제도의 변화

1966년 9월 20일 서울 정동교회에서 기독교대한감리회 제10회 총회가 개회되었다. 제31차 회집을 가지며 감독 선거를 110차까지 실시하였음에도 과반수를 얻은 사람이 없자, 특별총회를 개최하되 9명의 위원에게 선거 방법을 일임하며, 헌법 및 규칙 개정위원과 규칙 해석위원에게 일임하여 개정안을 초안하여 상정한다는 긴급 제안이 받아들여져 폐회되었다.

이에 따라 1967년 3월 2일에 서울 정동교회에서 기독교대한감리회 제10회 특별총회가 개회되었다. 이 회의에서 중앙 집권 제도의 지양을 위한 일환으로 다원 감독 제도를 전제로 하는 연회장 제도가 채택되고, 또 개 교회의 인사 제도의 변화도 가져왔다.

(1) 연회장 제도의 선택과 다원 감독제

기독교대한감리회가 110차례의 감독 선거에도 감독을 선출하지 못하자 그 대안으로 다원 감독제를 전제로 하고 중앙 집권제를 지양하는 방안으로 1967년 총회에서 연회장 제도를 선택하였고, 그 후인 1974년 총회에서는 다원 감독제가 채택되었다.

1) 연회장 제도의 선택

1967년 3월 2일 기독교대한감리회 제10회 특별총회 '장정개정위원 보고'에서는 장정 개정 제출 경위 설명과 헌법 개정 상정 이유를 이렇게 말하고 있다.

• 장정 개정 제출 경위 설명[94]

1966년 10월 17일 제10회 총회 시에 감독 선거를 110차나 투표했으나 감독을 선택하지 못하고 장정 개정으로 순서를 바꾸었으나, 개정할 시간이 없었고 그때 총회의 분위기는 다원제 감독 제도로 헌법과 규칙을 개정해야 총회의 문제도 해결되고 1930년도에 제정한 감리회 제도가 개편되어야 교회가 발전할 수 있다고, 신도열 목사와 김의선 장로 등이 감리회 발전에 대한 중요한 설명을 하였다.

• 헌법 개정안 상정 이유[95]

가. 1930년 제정한 본 교회의 헌법은 반세기를 지났으며 급변하는 세대에 대처하기 위하여 1인 감독제와 중앙 집권제를 지양하기 위하여 개헌한다.

다. 그러므로 앞으로 다원제 감독 제도를 전제 조건으로 총리원 운영위원회에서 연회장 제도의 절충안을 채택하기로 합의되어서 그 의견을 따라서 이번 총회에서는 헌법 개정안만 상정하고 그 실시는 연회에서 통과한 후 다음 총회부터 실시한다.

이와 같은 상황에서 상정된 헌법 및 규칙은 다원 감독 제도를 전제로 하는 연회장 제도의 채택이었다. 따라서 연회장(교리와 장정 제3편 입법과 행정 제7장 교직자 제5절)은 다원 감독제를 채택하기 전에 중앙 집권제를 지양하고 지방 분권의 일환으로 실시하는 제도로서 연회의 자치 행정의 일환이었다고 하겠다. 이런 사실은 다음의 연회장의 자격과 임기, 또 그 직무에서 잘 나타나고 있다.

• 연회장의 자격과 임기, 그 직무[96]

▷ 연회장의 자격과 임기
1. 연회에서 정회원으로 10년(구역 담임 6년 포함) 이상 계속 시무하고 45세 이상 된 이
2. 연회장의 피선거 자격은 소속 연회원이어야 한다.
4. 연회장의 임기는 2년으로 하고 재선될 수 있으나 3선은 될 수 없다.

▷ 연회장의 직무
1. 연회장은 교회안의 신령상 물질상 모든 사업을 감찰하여 각 지방을 순회 시찰한다.
4. 연회장은 연회, 지방회, 구역회 때에 일어나는 모든 규칙상 문제를 직결하던지 규칙해석위원회에 맡기던지 그 회의 의견대로 하고 모든 법률상 문제는 재판법대로 판결한다.
8. 연회장은 교회 형편을 연회에서 종합하여 보고하고 모든 선교 정책

을 연회 개회 시에 강연한다.

9. 연회장은 연회 실행부위원회의 회장 및 연회 내 각 의회 때에 회장이 된다.

2) 다원 감독제의 채택

제10회 총회(1966~1967)에서 다원(복수) 감독제의 헌법 개정안이 통과됨에 따라 3부 연회에 헌법 개정안을 상정하였으나 부결되었다. 1974년 제12회 총회에서 다원 감독제가 통과되고 또 각 연회에서 개헌안이 통과되었음에도 갱신측의 분열로 1975년 10월 제1차 특별총회에서 '연회 감독제' 안이 통과되고도 1976년 3월부터 연회 감독제가 실시되었다.

1975년 10월 특별총회에서 제안된 연회 감독제 통과안의 주요 내용은 다음과 같다.

• 연회 감독제 통과안의 주요 내용[97)]

▷연회 감독의 자격과 선거 및 임기

1. 연회마다 연회 감독을 두어 연회 모든 사무를 관장케 한다.

2. 연회에서 정회원으로 6년 이상 계속 시무한 목사로서, 연령은 40~67세까지 된 이로 한다.

3. 연회 감독의 피선거 자격은 소속 연회원이어야 한다.

4. 연회 감독은 해당 연회 총회 대표가 재적 과반수로 선정하여 총회에 추천하여 총회의 인준을 받는다.

▷연회 감독의 직무

1. 연회 감독은 교회 안의 신령상과 물질상 모든 사업을 감찰하며 각 지방을 순회 시찰한다.

3. 연회 감독은 감독 및 감독들과 함께 목사 안수례를 집행한다.

4. 연회 감독은 교역자를 임명한다. 교회나 장정 규칙에 위배된 행동을 하고 있는 교역자는 법 절차를 밟아서 해임한다. 구역회에서 15일 내에 파송 초청이 없을 때에는 직권으로 구역 담임자를 임명할 수 있다.

9. 연회 감독은 교회 형편을 연회에서 종합하여 보고하고 선교 정책과 예산 관계를 연회 개회 시에 발표한다.

(2) 인사 제도의 변화

1966년 제10회 총회에서 여러 차례 감독 선거를 실시하였음에도 감독 당선자를 내지 못하자, 이에 1967년 3월에 제10회 특별총회를 개최하고 그 대안으로 다원 감독제를 전제로 하는 연회장 제도가 신설되면서 개체 교회 담임자 등의 인사에 관한 문제를 다루는 '구역 인사위원회' 의 규칙이 통과되었다. 그 조직과 직무는 다음과 같다.

• 구역인사위원회 조직과 주요 직무[98]

▷조직

1. 최하 3명으로 조직하되 담임자, 소속 목사와 장로는 의무적으로 위원이 되고 장로가 없는 구역은 평신도 중에서 선택하여 조직하고 장로가 있는 교회는 당회에서 장로와 동수로 위원을 선택한다.

2. 구역인사위원회의 위원장은 감리사가 되고 정·부 서기를 선택한

다.(위원장 자신의 문제가 있을 때는 서기가 임시 위원장이 되고 해당
자신은 출석하지 못한다.)

▷주요 직무
2. 교역자의 목회를 협조한다.
5. 담임자의 이동은 위원회의 재적 과반수의 동의로써 구역회에 요청
하여 구역회 재적 회원의 과반수의 결의로써 연회장에게 이동을 청
원한다.
8. 장로 후보를 추천하여 당회에 보고한다.
9. 당회원의 징계 문제도 협의하여 담임자에게 청원한다.

초기의 구역인사위원회 조직은 그 수가 세 명으로 조직되어 감리
교회의 특색인 민주적인 의회 대표들이 참석할 수 있는 문을 소수로
제한하였다. 그러나 1973년에는 구역회에서 이 직무를 감당하도록
변경하므로 많은 대표(구역 안의 전도사, 장로, 권사, 유사, 탁사, 집사, 교
회학교장 등)들이 참석하여 구역 인사 문제를 신중하게 처리하도록 변
경하였다. 1979년에는 구역회 안에 구역인사위원(구역회에서 선출한
지방회 대표)을 두어 인사 문제에서 올 수 있는 문제를 최소화하였다
고 하겠다.[99] 그러나 이 같은 인사 제도의 변화는 곧 감리교회가 전
통적으로 지켜온 파송제의 종식(終熄)이어서, 감리교회의 자랑인 파
송제의 장점을 다시 살리고 보완할 수 있는 파송제로의 전환이 매우
어렵게 되었다.

다원 감독제 실시와
선교 100주년 대회
(1976~1985)

IV. 다원 감독제 실시와
선교 100주년 대회(1976~1985)

1967년 3월 제10회 특별총회에서 다원 감독제를 전제로 한 연회장 제도의 신설은 감리교회의 중앙 집권에서 연회 중심의 자치제로의 전환이라는데 그 의의가 있다. 다원 감독제의 필요성이 총회 시에 감독 선거로 인한 부작용에서 왔다고도 하나, 당시 지방 분권의 시대적 요청이나 특히 감리교회 교세의 증가(1967년 교회 수 1,223개/기도처 90개/교인 수 257,915명/교역자 1,461명 등)에[100] 그 원인이 있다고 할 수 있다.

1974년 10월 제12회 총회에서 다원 감독제가 통과되었으나 경기연회와 갱신측의 분열로 인해 그 실시는 감독 임기 2년으로 단축되어 1976년에 연회 감독제로 실시되다가, 1978년 10월 26일 제13회 총회부터 하나 되는 합동총회를 가지므로 완전 다원 감독제를 연회에서 실시하게 되었다. 이러한 합동 과정을 통해 감리교회는 여러 면에서 법 개정(완전 다원 감독제, 집사 제도 신설 등)을 하게 되었고, 이로 인해 제도 변화를 가질 수밖에 없게 되었다. 다음의 글을 보자.

이제 이번 총회는 합의된 4개 합동 원칙에 따라 화해하는 교회가 나갈 방향을 설정하며 운영되어질 법을 제정해야 하며 이끌어 나갈 인물을 선출하는 중대한 책임을 다하게 되었습니다. (중략)

셋째 : 또 우리가 분명하게 의식할 중대한 책임은 분열의 방지입니다. 합동을 이루는데 치룬 엄청난 정력과 시간은 말할 것도 없고 이 때문에 교회의 제도나 법이 말이 안 되리만치 손상되어서 겨우 이룬 합동이고 보면, 반드시 이러한 분열의 악순환이 재연되지 않도록 제도적 개혁이나 조치가 되어져야 할 것입니다.[101]

이런 가운데에서도 감리교회는 1968년 온양에서 선교정책협의회를 갖고 모든 선교 정책의 방향과 재단, 그리고 재정권 이양의 합의를 이루어 냈다. 또 1970년대에는 한국 선교 100주년 기념사업의 하나로 '5천 교회 100만 신도 운동'을 전개(1976년)하였고, 1985년에는 감리교 선교사가 첫 발을 디딘 인천에서 선교 100주년 선교대회를 가졌다.

1. 선교 100주년을 맞는 감리교회

1970년부터 분열 가운데 있던 한국 감리교회가 선교 100주년을 앞두고 1976년부터 '5천 교회 100만 신도 선교 운동'을 전개할 계획을 수립한 일은 매우 고무적인 일이었다. 1975년 10월 21일 이화여자고등학교 류관순기념관에서 '선교 90주년 선교대회 및 기념식'을 갖고 100주년을 향해 나아갈 우리의 갈 길을 다짐하는 '우리의 선언'을[102] 발표한 것도 매우 참신하다.

더욱이 100주년 기념사업과[103] 국제대회를 통해 국내외에서의 선교적 사명을 다할 것을 강조한 것, 그리고 한국 교회 100주년 기념연

회와 기념대회를 통해 각 분야에서 교단의 입장을 선언한 것은 감리
교회의 신앙을 선언하고 실천한다는 의미를 포함하고 있어서 그 의
의가 더욱 컸다.

(1) 신도 선교 운동 전개

1975년은 세계 감리교회가 '세계 선교의 해'로 정한 해일 뿐 아니
라 한국 감리교회가 선교 90주년을 맞이한 해다. 이에 앞서 한국 감
리교회가 '5천 교회 100만 신도 선교 운동'을[104] 준비하고 계획하는
한편, 한국 선교 100주년이 되는 1985년까지 3단계 10차년을 통해
이에 대한 목표(3,300교회, 609,000교인)를 정하였는데, 그 연차 계획은
다음과 같다.

5천 교회 100만 신도 선교 운동 계획서[105]

연계별	연도별	교회 설립수	증가 신도수	비 고
제1단계	제1차년(1976)	170	40,000	전국선교대회
	제2차년(1977)	210	44,000	지방별·분야별대회
	제3차년(1978)	235	48,000	연회단위대회
	소계	615	133,000	
제2단계	제4차년(1979)	270	52,000	지역별대회
	제5차년(1980)	300	57,000	지역별대회
	제6차년(1981)	350	60,000	전국대회
	소계	920	169,000	
제3단계	제7차년(1982)	385	70,000	분야별대회
	제8차년(1983)	420	74,000	연회별대회
	제9차년(1984)	460	80,000	지방별대회
	소계	1,265	224,000	

	제10차년(1985)	500	84,000	대규모선교대회 (10만 명)
	합계	3,300	609,000	

1978년의 총회 자료인 '선교국 보고'에는 '5천 교회 100만 신도 선교 운동'에 대한 조직, 운동의 시작과 전망, 계획서와 추진사항 등이 있다.[106] 1980년 총회시 선교국 보고와[107] 또 매 총회 때마다 준비된 자료인 선교국 보고에 의하면 아래표와 같이 5천 교회 100만 신도 선교 운동 계획에 의한 교회 수는 목표에 미달했으나 교인 수는 7차년(1982년)도까지 훨씬 초과하였다.

다음은 선교 운동이 시작된 1976년부터 마지막 해인 1985년까지의 5천 교회 100만 신도 선교 운동의 결과다.

5천 교회 100만 신도 선교 운동 결과 현황[108]

	교 회 증 가 수		교 인 증 가 수	
	증 가 수	교 회 수 계	증 가 수	교 인 수 계
1975년(원년)		1,636		370,863
1차년도(1976)	182	1,818	88,986	459,849
2차년도(1977)	185	2,003	58,635	518,484
3차년도(1978)	128	2,131	66,167	584,651
4차년도(1979)	160	2,291	91,100	675,751
5차년도(1980)	148	2,439	45,404	721,155
6차년도(1981)	130	2,569	50,200	771,355
7차년도(1982)	124	2,693	72,413	843,768
8차년도(1983)	124	2,817	35,564	879,332
9차년도(1984)	128	2,945	33,822	913,154
10차년도(1985)	185	3,130	34,964	948,118

이 표에서 알 수 있는 것은, 5천 교회 100만 신도 선교 운동이 진행중이었던 1978년 제13회 합동총회(1974년에 분열한 갱신측과 합동)에서 중앙연회가 탄생하였고, 1980년에 교세가 증가하여[109] 제14회 총회에서 서울연회와 삼남연회가 탄생하면서 5천 교회 100만 신도 운동이 더욱 활성화하였다는 사실이다. 예를 들면 제7차 5천 교회 100만 신도 선교 운동으로 1982년도 한 해에 증가한 총 교인 수가 72,413명이나 1980년에 탄생한 서울연회가 41,172명으로 전체의 약 56.85%를 차지하고 있다.

(2) 100주년 기념 연합연회와 선교대회

1984년에 한국 선교 100주년을 맞아 '감리회 100주년 기념 국제대회와 각종 기념사업을 추진하였다. 감리교회 최초 선교사 아펜젤러가 내한한 지 100년이 되는 인천에서 5개 연회가 '100주년 기념 연합연회와 선교대회'를 개최하였다는 것은 매우 뜻깊은 일이었다.

그 진행을 보면 1985년 4월 3일에 숭의교회에서 연합연회로 모였고, 4월 4일에 기념대회로 강연회와 부흥성회가 인천실내체육관에서 열려 '대회 선언문'을 발표하였는데 그 주요 내용과 선언 내용은 다음과 같다.

대회 선언문 주요 내용과 교단적 입장 선언[110]

• 주요 내용
(생략) 감리교회가 이 땅 위에 설립된 지 반세기도 못 되어 바로 이 땅에서 미국 남북감리교회가 합동하여 하나의 감리교회를 이루었고, 자치 교회로 새로운 출발을 하면서 교리적 선언과 여자 목사 안수제 등

을 채택하여 획기적인 선교 정책을 펴나갔다.

(중략) 그러나 우리는 때로는 하나님의 말씀을 외면하고 그 명령에 복종하지 못한 죄를 하나님과 민족 앞에 참회하는 바이다. 우리는 일제 하의 종교적 탄압 밑에서 신앙적 지조를 지키려 애썼으나 이를 끝까지 수행하지 못하여 교회를 일제의 도구로 전락시키기도 하였다.

(중략) 우리는 감리교 2세기를 출발함에 있어 지난 100년의 선교적 경험을 토대로 하여 복음의 충성스런 역군으로서 이 땅 위에 하나님의 나라를 실현하기 위해 계속 매진해 나갈 것을 다짐하는 바이다.

• 주요 교단적 입장 선언

1. 우리는 감리교회의 자랑스런 신학적 전통, 즉 하나님의 선행적 은총과 만인 구원, 믿음을 통한 의인과 성결을 통한 그리스도의 완전, … 등을 토대로 하여 이 민족을 복음화하고 나아가서 아세아 복음화를 위해 총력을 기울일 것이다.

2. 이러한 복음은 하나님의 뜻이 실현된 인류사회 곧 신앙적·정치적 자유가 보장된 국가, … 등의 건설을 목표로 하는 것이며, 그 실현은 투쟁이나 혁명을 통한 것이 아니라 사랑과 협동과 봉사를 통해 이루어져야 한다.

6. 우리는 그리스도의 복음이 개인이나 사회적 또는 민족적 차원에서 참된 구원의 유일한 도리임을 확신한다.(생략)

한국 선교 100주년 연합연회와 선교대회가 열린 해가 '5천 교회 100만 신도 선교 운동'이 끝나는 해였다는 데도 의미가 있다. 그동안 분열의 아픔을 딛고 다시 하나가 되었다는 자랑이 앞서기보다 오직 주님의 선교의 명령에 따라 서로가 힘을 합하여 선교 운동을 진행하고 모두가 모여서 선교적 사명을 다하기 위한 선교대회를 다짐하고 그에 대한 교단적 입장을 선언하였다는 점에서 그 가치를 높게 보아야 한다. 그런 의미에서 '그리스도의 복음이 개인이나 사회적 또는 민족적 차원에서 참된 구원의 유일한 도리임을 확신한다' 는 선언이 매우 타당한 지상명령이다.

2. 다원 감독 제도의 실시와 집사 제도의 신설

제12회 총회(1974년)의 분열로 4차 특별총회를 개회하면서 다원 감독제를 전제로 하는 연회장 제도를 채택하였다. 그 후 제13회 총회(1978년)부터 완전 다원 감독제로 각 연회마다 감독을 선출하였고, 감독실을 두어 감독들이 선출하는 감독회장제로 운영하였다.[111] 또 중앙연회도 구성하였다. 그러다 1981년 제14회 특별총회에서 감독회장은 총회에서 직접 선출하도록 하였다.[112]

1974년 제12회 총회에서는 속장제를 개편하여 집사제를 선출하는 안이 통과되므로 평신도들이 직접 선교와 재무와 관리 부문에서 기능별로 참여토록 하였다.[113] 이는 한편으로 감리교회가 다른 기독교 교단들의 교회 임원인 집사 제도를 수용하였다는 점에서 감리교의 특색에 새로운 변화가 생긴 것이라 할 수 있다.

(1) 조직연회와 감독회장 선출제의 운영

1978년 제13회 총회에서 선출된 연회 분할 연구위원과 1980년 1월 특별총회에서 선임된 연회 분할 전권위원이 함께 연회 분할 시안을 작성하였다. 그리고 1980년 8월 특별총회에서 현직 감독들(4개연회)에게 연회 분할 전권을 위임하여 감독회에서 정부가 정한 행정구역에 따라 5개 연회로 확정하였다.[114] 이에 따라 새 지방을 행정적으로 조직하고,[115] 1980년 9월에 5개 연회 조직연회를 개최(서울, 중부, 동부, 남부, 삼남)하였다.[116] 1980년 10월 30일 제14회 총회에서는 각 연회 감독을 선출하였다. 그리고 1982년 제15회 총회부터는 연회감독과 감독회장을 겸임하는 감독회장 제도안이 실시(2년 임기 총회 직접 선거)되어 감리회 본부 운영이 본격화되었다.

다음은 감독회장 첫 선출제로 운영을 마친 1984년도 제16회 총회에서 보고한 서병주 감독회장의 말씀의 일부 내용이다.

> 요한 웨슬레의 복음주의 전통 안에서 이 땅에 복음의 뿌리를 내린 우리 감리교회는 100주년을 맞이하여 이제 2천7백 교회와 90만 성도와 5개 연회 94개 지방을 가진 단일 교단으로서 국내 제2의 교단으로 성장하였고 지난 10년간의 교회 성장 속도로는 세계 감리교회에서 최고의 교회로 선망의 대상이 되고 있습니다. …
> 그동안 100주년 기념행사로 전국 지방임원 실무자 대회가 경주에서 있었던 것을 비롯 전국속회지도자대회, 국제대회세미나, 잠실체육관에서 있었던 남녀선교기념대회와 인천과 수원에서의 지방대회 등 100주년 기념행사들이 있었고 100주년 기념관 건립 사업을 위한 감리회관 재개발 사업이 진척되어 재개발 허가를 얻게 되었습니다.[117]

(2) 집사제의 신설

1974년 제12회 총회에서의 집사제 신설은 감리회의 자랑인 속장제를 개편하는 방안이었다는 점에서 새로운 변화라고 할 수 있다. 이는 시대 변화에 따르는 방안이라는 점에서 이해할 수 있다. 다른 교단에서 집사로 임명되었는데 이들이 감리교회로 이명해 왔을 때 어떤 직무로 받아들이느냐 하는 문제가 대두되면서 그에 대한 대응 방안이라고 하겠다. 이런 점에서 감리회의 제도를 살리며 통과된 집사제가 바로 속장제를 개편한 집사제 신설이다. 다시 말해 집사들을 선출하여 그 기능에 맞게 각 부서(선교, 재무, 관리)에 직무를 분담하고, 그 집사들 중에서 기능에 따라 속장 1명을 선출하는 방안이다.

다음은 집사의 자격과 직무다.

• 집사의 자격과 직무[118]

▷자격
1. 입교인 된 지 2년 이상 된 이.
2. 신앙이 돈독하고 기독교대한감리회의 교리와 장정을 아는 이로서 당회에서 택함을 받은 이.
3. 신임 집사는 장정의 고시에 합격되어야 한다.

▷직무
1. 각자 기능에 따라 선교(속회), 재무, 관리의 직무를 분담한다.

선교 100주년 이후와 감리회 신앙고백

(1986~1997)

V. 선교 100주년 이후와 감리회 신앙고백(1986~1997)

  기독교대한감리회의 교리 변화는 1930년 자치 교회로서 남북감리교회가 합동할 당시 우리가 믿는 '교리적 선언'에 이어, 60년이 지난 1990년대에 이루어졌다. 이는 60년이 지난 오늘의 교회에서 역사적으로 맥을 이어가면서 '새 술은 새 부대에 담아야 한다는 주님의 가르침'에 따라 이 시대에 부응할 교리의 변화가 필요했기 때문이다. 그러기에 1995년 제21회 총회 제1회 입법총회에서 '사회신경'을 개정하고, 1997년 10월 입법의회에서는 역사와 우리가 믿는 교리의 내용을 정리하기에 이른다. 즉 감리회 '신앙과 교리의 유산, 한국 감리회 신학을 위한 지침, 우리의 신앙고백 중에서 1997년 감리회 신앙고백을 제정하고 사회신경'을 개정하여 정리하였다. 다음의 '1997년판 제2편 헌법 전문'을 보면, 교리와 장정 개정과 제정 경위를 알 수 있다.

  헌법 전문
  개신교의 공통적인 신학적 전통과 18세기 영국의 존 웨슬리의 복음주의에 기초하여 설립된 감리회가 미국 감리회를 통해 1884년 이 땅에 전파되어 기독교대한감리회가 설립되었다. 그동안 감리회의 신앙과 교리, 조직과 제도, 그리고 입법과 행정의 표준이 되어온 '교리와 장정'이 1995년 10월 입법의회에서 개정되었으나 그 구성이나 내용에 있어서 수정 보완할 필요가 있어 1997년 10월 입법의회에서 개정하기에 이르렀다.[119]

또 기독교대한감리회가 감독 중심의 제도라는 특성을 지니고 있다는 점에서 감독 및 감독회장을 겸임하고 있는 감독회장을 직접 총회에서 선출한 1981년 총회 이후부터 감리회 본부와 감독실 운영의 변화를 살펴볼 필요가 있다. 즉 감독회장의 직무 변화가 어떻게 이루어지고 그 양상이 어떻게 달라졌는지 살핌으로써 감독 중심의 제도 변화 이해에 도움을 갖고자 한다.

1. 새 시대의 전개와 교리 선언

1994년 제21회 총회에서 행정 업무와 입법 업무로 분리하므로 '입법총회'에서 교리와 장정을 개정하도록 하였다. 이에 1995년 제21회 총회 제1회 입법총회에서 '법 형식에 따라 교리, 헌법, 법률, 규정 등 단계적 구조로 구분하여 감리회의 교리, 역사, 헌법 제정 경위와 전면 개정의 취지 등을 체계적으로 정리한 헌법 전문을 수록하여[120] 정리하였는데, 이때에 '이 사회를 기독주의의 이상 사회로 만듦이 우리 교회의 급무로 믿어'[121] 이로써 '사회신경'을 선언하게 된다. 기독교대한감리회의 역사 정리와 감리회 신앙고백 제정은 1997년 제22회 총회 입법의회에서 결정하였다.

1998년도 판의 교리와 장정에서, 장정개정위원회 위원장이 1997

년도 '새로운 장정 개정에 붙이는 글' 이라는 이름으로 장정 전면 개편의 경위와 이유를 요약하고 있는데, 그 주요 구절을 보면 다음과 같다.

> 1930년 제1회 총회에서 제정되어 우리 감리교회의 교리와 입법, 행정, 지침이 되어 왔던 '교리와 장정' 이 1995년 입법의회에서 전면 개정되었습니다. 여러 모로 큰 발전을 가져온 것이 사실입니다. 그분들의 노고를 치하하는 바입니다. 그러나 촉박한 시일 안에 전면 개편을 하였기 때문에 그리고 치리법이란 제목 하에 지나치게 분산시키어 전통적인 장정의 맥이 흐려지게 된 것도 사실이었습니다.
>
> 그런 이유로 해서 1997년 10월 입법의회에서 다시 전면 개편하게 되었습니다. 이번에는 '교리와 장정' 의 역사적인 맥을 이어가면서 감리회의 교리나 교회의 기본적 체제에 부합하도록 장정 개정안을 마련하였고 입법의회에서도 특수한 조항들을 제외하고서는 개정안대로 통과가 되었습니다.

(1) 기독교대한감리회의 역사 개정

1995년 입법의회에서 전면 개편한 교리와 장정을 1997년 제22회 총회 입법의회에서 다시 전면 개편한 이유는, '치리법이란 제목 하에 지나치게 분산시키어 전통적인 장정의 맥이 흐려졌다' 는 점에서다. 즉 기독교대한감리회가 전통적으로 제정하여 내려온 '제3편 입법과 행정' 을 '제3편 교회 치리법' 이라는 이름으로 앞뒤를 바꾸어 배열하므로 종래의 맥을 이해하기 어렵게 되었다는 것이다.

이에 따라 1997년에 교리와 장정을 전면 개편하면서 '교리와 장정' 제정의 목적을 맨 앞에 두고 제1편에서 '역사와 교리' 라는 제목

하에 '기독교대한감리회의 역사', 복음 수용의 때인 1870년부터 120년이 되는 1990년까지의 역사를 세 시대로 구분하여 정리하므로 한국 감리교회 역사를 한눈에 이해할 수 있도록 간략하게 개정하였다.

기독교대한감리회 교리와 장정의 '기독교대한감리회의 역사' 서문에서는, 한국에 감리교회가 전래될 당시인 19세기 말 '우리 민족은 봉건적 체제의 붕괴와 외세 침략으로 인해 정치적·사회적 위기를 맞고 있었다'고 전제하면서, '봉건적 사회 체제를 이념적으로 지탱해 오던 전통 종교는 변화를 갈망하는 민족의 영적·윤리적 갈증을 해소시켜 주지 못하고 있었다'며 그 시대적 배경을 설명하고 있다.

이때에 전파된 복음이 어떠했느냐는 내용을 서언에서는 이렇게 정리했다.

> 이러한 때에 여러 경로로 전파된 복음은 우리 민족을 죄에서 구원하였고 새로운 역사의 원동력이 되었다.[122]

1) 선교부 선교 시대

한국인들은 새로운 사상과 종교를 갈망하던 중(1870~1880)에 만주와 일본에서 기독교 복음을 접하였고, 미국의 미감리교회가 1885년에, 남감리교회가 1895년에 전래되면서 한국 선교가 시작되었다. 1903년 남감리회 선교사 하디의 회개로 시작된 부흥 운동은 회개와 중생과 성결을 체험하게 하였고, 이를 바탕으로 복음을 주체적으로 해석하려는 토착신학이 신학자들에 의해 수립되었다. 감리교인들은 일제하에서 민족운동과 사회운동을 통해 국권회복운동과 애국계몽운동, 농촌계몽운동과 절제운동을 전개하였다.

그러나 이 시대는 남북 감리교회가 합동하기 이전이어서 선교사들이 중심이 되어 미남감리교회를 각각 이끌어 갔다. 미감리회·남감리회 선교부 선교 시대의 역사에서 다룬 주요 항목을 보자.[123]

1. 복음 수용과 선교사 내한
2. 미감리회의 한국 선교
3. 남감리회의 한국 선교
4. 부흥 운동과 토착 신학
5. 민족운동과 사회운동

2) 자치 선교 시대

1930년 한국의 미·남감리회가 합동할 때는 점차 신앙적 영성과 사회적 지도력을 상실하여 비판을 받을 때였다. 이때 감리교회 지도자들은 부흥회를 통해 영적 각성과 교회의 갱신을 촉구하는 한편, 진보와 보수의 갈등 사이에서 웨슬리 복음주의 전통에서 진보적 신학을, 그리고 경건적 신앙 실천을 바탕으로 성서의 절대 권위를 강조한 보수 신학 전통을 계승함으로 감리교회 신학 발전에 기여하였다. 이때가 일제 말기였기에 많은 목회자와 평신도들이 항일 투쟁을 벌이다가 투옥되었다.

이 시대는 1930년 남북 감리회의 합동을 계기로 1945년 해방을 맞이하기 전까지 기독교조선감리회 자치 선교의 시대를 연 때였다. 여기서 다룬 역사의 주요 항목은 다음과 같다.[124]

6. 남북 감리회 합동
7. 교회의 영적 갱신과 신학의 발전
8. 일제 말기 교회 수난

3) 자립 선교 시대

우리 민족은 8·15 해방과 함께 남북 분단의 비극을 맞았다. 또 6·25 전쟁으로 예배당이 파괴되고 수많은 인명 피해를 입었다. 이로써 우리는 갈등과 분열의 어려움을 겪었으며, 한국 감리교회도 해방후 재건파·복흥파 분열을 시작으로 세 차례의 교회 분열의 아픔을 겪다가 결국 합동함으로 하나 됨의 전통을 이어갔다. 그런 가운데 교회가 성장하면서 해외 선교에 힘쓰게 되었으며, 교회 일체를 위한 노력과 시대 흐름에 맞춰 사회에 참여하는 운동으로 공헌하였다. 1985년에 기독교대한감리회 백주년 기념대회에서 선언문을 채택하여 선교 1세기를 정리하고 선교 2세기의 신앙과 신학적 결의를 다졌다. 또 1990년에는 기독교대한감리회 자치 60주년 기념대회를 갖고 선언문을 통해 선교적 사명을 되새기면서 하나님의 선교에 동참할 것을 다짐하였다.

이 시대는 해방 후부터 자치 교회 60주년을 맞는 1990년까지 기독교대한감리회의 자립 선교 시대를 이끈 때다. 이곳에서 다룬 역사의 주요 항목은 다음과 같다.[125]

    9. 민족 분단과 교회 분열
    10. 교회 성장과 해외 선교
    11. 교회 일치 운동과 사회 참여
    12. 선교 100주년과 자치 60주년

(2) 감리회 교리의 정리와 제정 및 개정

1997년 10월 입법의회에서의 '교리' 정리에 있어 교리 부분의 내용을 보면, 기독교대한감리회 교리는 전통적인 신앙을 함께 고백하는 신앙에 기초를 두었고, 종교개혁 이후의 신앙고백과 특히 성공회의 39개조 종교 강령을 25조로 줄인 존 웨슬리의 '종교 강령'을 게재하였으며, 감리교 신앙의 강조점, 한국 감리회 신학을 위한 지침을 정하는 한편, 우리의 신앙고백에서 '1997년 감리회 신앙고백'을 제정하고 '사회신경'을 개정하였다는 것이다. 또 '교리'는 '역사적인 맥'을 이어가도록 마련했으므로 이것은 감리회가 자치 교회가 된 후 76년 만에 처음으로 되어진 일로써 그 역사적 의미가 크다[126]고 했다.

이를 더 자세히 말한다면, '제2장 교리'는 '신앙과 교리의 유산'이란 항목으로 1항에서 감리교 창시자 존 웨슬리가 확정한 25조 종교 강령을, 2항에서는 감리회 신앙의 강조점을 말하고 있다. 이어서 '한국 감리회 신학을 위한 지침'에 대하여, 그리고 우리의 신앙고백에 대하여 현실적으로 이해하고 적용할 수 있는 '감리회 신앙고백과 사회신경'을 제정하고 개정하였다. 부록으로 1930년 남북 감리회가 합동할 당시 전권위원장였던 웰취 감독의 설명을 전면 게재하였다.

1) 감리교 신앙의 강조점

감리교회 창시자인 존 웨슬리는 영국성공회의 39개조 종교 강령을 25개조로 줄여 감리회 종교 강령을 발표했는데, 그가 삭제한 주요 내용은 칼벵의 예정론과 출교 정신을 반영한 부분, 그리고 영국성공회가 세속 권세에 복종할 것을 강조한 부분 등 14개조다.[127]

기독교대한감리회 교리와 장정은 웨슬리의 이 '종교 강령'을 토대로 하여 '감리교 신앙의 강조점'을 아래와 같이 정리하였다.

감리교의 신앙 전통은 기독교의 참된 구원의 진리와 성서적 경건을 생활 속에서 실천하는 것을 강조한다. 이것은 하나님의 은혜 안에서 성서적인 구원의 길을 살아가는 것이며, 믿음과 사랑을 통해 성화와 완전으로 나아가는 실천적 제자의 도리를 구체화하는 것이다. 웨슬리는 구원이 하나님의 선행적 은혜, 칭의, 성화로 이루어진다고 보았다. 인간은 하나님의 형상으로 창조되었으며, 충만하고 온전한 구원은 타락한 인간성을 새롭게 하는 것이다. 이러한 하나님의 창조와 새 창조의 경륜은 개인적 성화, 사회적 성화, 그리고 창조의 완성을 포함한다.[128)

'웨슬리는 구원이 하나님의 선행적 은혜, 칭의, 성화로 이루어진다고 보았다' 는 이 구절, 타락한 인간의 온전한 구원이 하나님의 은혜 안에서 개인적 성화, 사회적 성화, 그리고 창조의 완성까지 포함하여 이루어짐을 강조하고 있다. 다음은 감리교 신앙의 강조점에 대한 주요한 내용을 발췌한 것이다.[129)

1. **선행적 은혜** : 우리는 모든 인간 속에 이미 선행(先行)하는 하나님의 은혜가 있어서 하나님의 구원이 모든 사람들에게 열려져 있음을 믿는다.
2. **칭의와 확증** : 하나님께서 우리를 위하여 베푸시는 예수 그리스도의 십자가의 공로에 의해 죄를 용서하시고, 회개하는 우리를 의롭다고 여기시는 은혜를 말한다. 우리는 회심을 통해 우리가 하나님의 자녀라는 성령의 확증을 얻는다. 이 영적 체험은 하나님의 사랑이 그 주체가 되지만 우리의 응답을 포함한다.
3. **성화와 완전** : 회개와 칭의를 통해 죄사함받은 우리는 계속해서 성화와 그리스도인의 완전을 목표로 성장하게 된다. 성화의 목표인 완

전은 인간의 본래적인 하나님의 형상을 회복하고 완성하는 것이다.

4. **믿음과 선행** : 믿음은 구원의 출발로써 하나님의 선물이다. 믿음에서 비롯되며 믿음을 증명하는 선행(善行)은 성화의 과정 안에서 구원의 완성을 위해 작용한다.

5. **은혜의 수단과 교회** : 감리교인들은 삶에 있어서 훈련과 성숙을 믿는다. 복음적인 신앙생활은 먼저 하나님의 은혜를 받아들이고 이에 응답하여 성령의 열매를 맺는 교회 공동체의 책임적인 삶이어야 한다. 교회는 그리스도의 몸 된 공동체로써 세상과 사회 속에서 하나님의 뜻을 실현하는 사명을 가진다.

6. **선교와 봉사** : 구원은 개인의 구원뿐만 아니라 역사와 사회를 성화시키는 데까지 이르러야 한다. 믿음의 공동체인 교회는 성령의 역사와 능력에 의해 세상을 향한 선교와 봉사를 위해 힘쓴다.

7. **세상의 종말과 하나님 나라** : 감리교인들은 하나님의 은혜의 역사가 창조의 완성을 목표로 하여 성령 안에서 이루어지고 있음을 믿는다. 하나님 나라는 예수 그리스도에 의해 이 세상에 선포된 복음의 중심이다. 하나님의 창조 계획은 결국 만물의 회복과 갱신을 통해 완성될 것이다.

2) 한국 감리회 신학을 위한 지침

앞의 장에서 말한 것같이, 기독교대한감리회가 1930년 합동(남북감리회)할 당시 선언한 말씀 선포의 중요 내용은 진정한 기독교회, 진정한 감리교회, 진정한 한국 교회가 되어야 한다는 것이었다. 이를 이루기 위하여 한국 감리회 신학을 위한 지침을 '기독교 신앙의 핵심이 **성경**에 계시되었고, **전통**에 의해 조명되고, 개인적 **경험**에 의해 살아 움직이게 되며, **이성**에 의해 확인된다는 웨슬리의 유산을 계승하여 복음이 한국 문화에 뿌리 내려 열매 맺게 하는 신학을 수립해야 할 것이다' 라고 정하였다.

이로써 한국 감리회 신학을 위한 지침은 성경, 전통, 경험, 이성, 그리고 토착문화를 중시하여 수립한다는 내용으로 결정되었다. 주요한 내용을 아래와 같이 발췌하여 정리해 본다.[130]

1. **성경** : 한국 감리교인들은 다른 그리스도인들과 함께 성경이 기독교 교리를 위한 가장 중요한 원천이요 표준임을 믿는다.

2. **전통** : 성경 연구를 돕고 신앙에 대한 이해를 깊이 있게 하기 위하여 웨슬리는 기독교 전통, 특히 교부들의 신학서들과 초교파적 신조들 그리고 종교개혁자들의 교훈과 웨슬리 동시대의 영성에 관한 문서들을 참고했다. 전통은 기독교 신앙 공동체들의 모범적 유산이다. 이 전통은 역사적 과정을 통해 다양한 형태로 나타나지만, 그 안에 간직된 복음의 진리는 모든 기독교인들이 공유하는 것이다.

3. **체험** : 기독교 복음의 증언은 성경에 근거를 두고 전통에 의해 전달된다 해도 우리가 그것을 이해하고 체험하기 전에는 아무 효력이 없다. 웨슬리는 체험적 신앙을 우리 주 예수 그리스도를 통해 주시는 하나님의 자비에 대한 확실한 신뢰이며 성령의 내적 증거와 외적 열매를 통해 주어지는 하나님의 은혜라고 했다.

4. **이성** : 성경을 이해하고 그 메시지를 광범위한 지식의 세계와 연관시키기 위하여 우리의 신학은 이성을 필요로 한다. 웨슬리는 성경적 진리의 증거를 인간의 체험, 곧 중생과 성화의 체험에서 찾았지만, 이와 함께 일상적 삶의 체험과 결부된 상식적인 지식에서도 찾았다.

5. **토착문화** : 한국 감리회가 진정한 한국 교회가 되도록 하는 데 있어

서 성경, 전통, 체험, 이성과 더불어 한국의 문화를 중시하는 신학의 수립이 절실하게 요청된다. 따라서 한국 감리교 신학은 그리스도의 우주적 복음이 한국의 역사와 문화에 뿌리 내려 열매 맺어 온 과정을 성령의 인도하심을 따라 세계 교회와 세계 신학이 공유하게 하는 과제를 안고 있다.

3) 감리회 신앙고백(1997)

1997년 제22회 입법의회에서는 1930년 남북 감리회가 합동할 당시에 제정한 우리가 믿는 '교리적 선언'이 앞으로 계속 감리회의 역사적 선언이 될 것을 확인하면서, 변화하는 환경 속에서 새로운 신앙고백이 필요함을 느끼며 '감리회 신앙고백'을 제정하였다. '우리의 신앙고백' 제정 경위와 취지를 '교리와 장정' 제3절에서 다음과 같이 기록하였다.

> 감리회는 1930년 제1회 총회에서 감리회의 '교리적 선언'을 채택하여 오늘에 이르기까지 우리의 신앙을 고백하여 왔다. 그동안 이 '교리적 선언'은 한국 감리교인들뿐만 아니라 미 연합감리교회에서도 애용되어 왔다. 이러한 '교리적 선언'은 앞으로도 감리회의 역사적 선언으로써 계속될 것이다. 그러나 67년이 지난 오늘 우리는 21세기를 맞이하면서 삶의 변화하는 환경 속에서 새로운 신앙고백의 필요성을 느끼게 된다. 그리하여 다음과 같은 '감리회 신앙고백'을 제정하여 우리의 신앙을 고백하는 바이다.[131]

1997년 감리회 신앙고백은 67년이 지난 오늘의 현실에서, 그리고 21세기를 사는 시대의 교인들이 오늘에 이르기까지 고백해 온 '교리적 선언'을 토대로 덧붙이어 해석하지 않아도 성경에 계시된 신앙의 핵심을 쉽고도 자세하게 알 수 있도록 정리하였는데, '교리적 선언'과 '감리회 신앙고백'의 주요한 부분을 비교해 보면 다음과 같다.

교리적 선언과 신앙고백(1997년)의 주요 부분 비교[132]

고백의 부분	교리적 선언	감리회 신앙고백(1997년)
1. 하나님	만물의 창조자, 섭리자, 온 인류의 아버지, 모든 선과 미와 애와 진의 근원, 오직 하나이신 분	우주 만물을 창조, 섭리, 주관하시는 거룩, 자비, 오직 한 분이신 아버지
2. 예 수	하나님이 육신으로 나타나 스승, 모범, 대속자, 구세주가 되시는 분	말씀이 육신이 되어 우리 가운데 오셔서 하나님 나라 선포, 십자가에 달려 죽으셨다 부활 승천하심으로 대속자, 구세주가 되시는 분
3. 성 신	하나님이 우리와 같이 계시사 지도와 위안과 힘이 되시는 분(성신)	우리와 함께 계셔서 거듭나게, 거룩하게, 완전하게 하시며 위안과 힘이 되시는 성령
4. 은 혜	사랑과 기도의 생활, 죄의 용서하심과 모든 요구에 넉넉하신 은혜	하나님의 은혜로 믿음을 통해 죄 사함 받아 거룩해지며 하나님의 구원의 역사에 동참하도록 부름받음
5. 성 경	구약과 신약에 있는 하나님의 말씀이 신앙과 실행의 표준이 됨	성령의 감동으로 된 하나님의 말씀인 성경이 구원에 이르는 도리와 신앙생활에 표준이 됨
6. 교 회	살아 계신 주 안에서 하나 되니 모든 사람들이 예배, 봉사를 목적하여 단결한 교회	예배와 친교, 교육과 봉사, 전도와 선교를 위해 하나가 된 그리스도의 몸인 교회

7. 천 국	하나님의 뜻이 실현된 인류사회가 천국임, 하나님 앞에 모든 사람이 형제 됨	만민에게 복음을 전파함으로 하나님의 정의와 사랑을 나누고 평화의 세계를 이루는 모든 사람들이 하나님 앞에 형제 됨
8. 영 생	의의 최후 승리와 영생	예수 그리스도의 재림과 심판, 우리 몸의 부활과 영생 그리고 의의 최후 승리와 영원한 하나님 나라

교리적 선언과 감리회 신앙고백(1997년)의 비교에서 쉽고 자세하고 두드러지게 설명된 부분은 예수 그리스도, 은혜, 교회, 천국, 영생이다. 이를 설명하면,

▶예수 그리스도에 대하여는, 그분의 생애(육신으로 오셔서 하나님 나라를 선포하고 죽으셨다 부활 승천)를 통해 오신 목적(대속자, 구세주)을,

▶은혜에 대하여는, 구체적으로 설명(하나님의 은혜로 믿음을 통해 죄 사함을 받아 거룩해지며)하고, 은혜받은 자가 할 일(하나님의 구원의 역사에 동참하도록 부름받음)을,

▶교회에 대하여는, 교회의 본질(하나가 된 그리스도의 몸)을 밝히고, 교회의 사명(예배와 친교, 교육과 봉사, 전도와 선교)을,

▶천국에 대하여는, 하나님 나라의 정의(하나님의 정의와 사랑을 나누고 평화의 세계를 이루는 모든 사람들이 하나님 앞에 형제)를 따라 하나님 나라의 백성의 역할(만민에게 복음을 전파함)을,

▶영생에 대하여는, 하나님 나라의 도래(예수 그리스도의 재림과 심판, 우리 몸의 부활과 영생, 의의 최후 승리)를,

아주 쉽고 자세하게 이해하도록 하였다.

4) 사회신경의 개정

1930년 제1회 총회에서 사회신경을 채택하였으나 교리와 장정에 게재하지 않다가,[133] 1995년 10월 제21회 총회 제1회 입법총회에서 교리와 장정을 전면 개정하면서 13개항으로 '이 사회를 기독주의의 이상 사회로 만듦이 우리 교회의 급무로 믿어' 사회신경을 정하여 선언하였다. 여기서 말하는 '기독주의 이상 사회'는 '인류는 겨레와 나라의 차별이 없이 천지의 주재시며 오직 하나이신 하나님의 같은 자녀임을 믿으며 인류는 형제주의 아래'에서 이루어지는 사회라고 밝혔다.[134]

1997년 10월 입법의회에서 밝힌 1995년의 감리교인들이 준수해야 하는 사회생활의 표준인 '사회신경'을 11개항으로 개정하게 된 배경과 그 선언의 목적, 그리고 선언 내용(문제)은 다음과 같다.[135]

• 개정의 배경

감리회는 하나님의 뜻을 따라 정의로운 사회 구현에 깊은 관심을 기울여 온 전통을 가지고 있다. 1930년 제1회 총회에서 사회신경을 채택하고 이를 신앙의 실천적 목표로 삼아, 보다 나은 사회를 이루는 데 이바지하여 왔다. 우리는 오늘의 시대가 안고 있는 새로운 문제들을 앞에 놓고 우리의 사회적 삶의 새로운 실천 원칙을 받아들여야 할 시점에 도달하였다.

• 선언의 목적

예수 그리스도를 구주로 믿는 우리 감리교인은 우리에게 선한 의지를 주시는 하나님의 은혜에 힘입어 우리의 가정, 국가, 세계 그리고 생태적 환경 속에서 빛과 소금의 역할을 수행하기 위해 다음과 같이 선언하는 바이다.

• 선언의 내용(문제)
1. 하나님의 창조와 생태계의 보존
2. 가정과 성, 인구 정책
3. 개인의 인권과 민주주의
4. 자유와 평등
5. 노동과 분배 정의
6. 복지 사회 건설
7. 인간화와 도덕성 회복
8. 생명 공학과 의료 윤리
9. 그리스도의 유일성과 정의 사회 실현
10. 평화적 통일
11. 전쟁 억제와 세계 평화

2. 감리회 본부 제도의 변화

감독회의 운영은 1980년 제14회 총회 전부터 실시되고 있었다.[136] 그러다 제14회 총회에서 그동안 감독들이 모여 선출하던 감독회장을 총회에서 직접 선거하도록 개정하고, 감독실을 두어 감리회 본부를 운영하였다. 여기서는 감독회장을 총회에서 선출한 후의 '본부 제도의 변화'를 살피고자 한다.

감독회장은 감리회 본부의 대표가 되어 '선교 사업, 기독교교육 사업과 사회 및 기관 사업, 평신도 사업' 등을 온 교회 안에 발전시키며 교회에 소속된 모든 재산을 보존 관리하고,[137] 또 교회의 신령상의 문제와 재정상의 문제 및 행정과 사업 계획의 통일성에 관한 문제를 협의하는 감독회'를[138] 주관하기에, 감리회 본부 제도(1980년도에 본부 사업의 정책을 수립하고 실행코자 감독회의 간사와 4국으로 조직됨)와 [139] 관계가 깊다 하겠다. 그리고 감리교회가 감리교 본부 각 부 사업을 위하여 관리하고 있는 본부 기본재산관리(감리회관 등)에 대한 부분도 중요하다.

(1) 감리회 본부 제도와 감독회장의 직무

기독교대한감리회를 대표하는 감독회장은 두 가지 중요한 직무를 맡고 있다. 하나는 각종 사업을 발전시키는 일이고, 다른 하나는 교회에 소속된 모든 재산을 관리하는 일이다. 여기서는 교회 사업(선교, 교육, 사회 및 기관, 평신도)을 위하여 어떻게 감리회 본부 제도가 조직되고 운영되었는가에 대한 그 변화를 살피고자 한다.

감독회장 제도를 채택한 1980년부터, 2000년대를 향한 감리회의 역사와 교리를 새로운 방향으로 확정하며 감독회장의 직무를 폭넓고도 중하게 규정한 1997년 10월 입법의회까지 감독회장의 직무를 살펴봄으로써 본부 제도의 변화를 더듬어 보고자 한다. 이는 감독회장의 직무가 바로 감리회 본부의 제도 변화를 말해 준다 할 수 있어서다.

다음은 1981년(감독회장제 실시)부터 1997년까지 감독회장의 직무에 따른 감리회 본부의 조직 변화를 쉽게 살펴볼 수 있는 표다.

감독회장의 직무(1981년~1997년)와 본부의 조직표[140]

교리와 장정 발 행 연 도	감독회장의 주요 직무	본부 조직 및 법인
1980년 판	총회와 총회실행 부위원회의 회장 이 되며 각 국위원 회에서 선택한 각 국 총무를 임명(임 기 4년)한다.	• 감독회의 사무를 담당하는 간사 1명 (임기 4년)을 택하여 감독회장이 임명 한다. • 선교국, 교육국, 평신도국, 재단사무 국을 둠. • 재단법인 기독교대한감리회 유지재 단의 이사가 되며 이사장이 됨.
1981년 판	총회와 총회실행 부위원회의 회장 이 되며 각 국위원 회에서 선택한 각 국 총무를 임명(임 기 4년)한다.	• 감독회 안에 사무 간사, 선정. • 선교국, 교육국, 평신도국, 재단사무 국을 둠. • 재단법인 기독교대한감리회 유지재 단의 이사가 되며 이사장이 됨. • 사회복지법인 기독교대한감리회 사 회사업유지재단 직권상 대표이사가 됨.
1983년 판	위와 같음.	위와 같음.
1986년 판	위와 같음.	위와 같음.
1988년 판	위와 같음.	1) 감독회에는 간사 약간명을 두되 그 　중 1명을 주무 간사로 임명하여 담 　당케 함. 2) 선교국, 교육국, 평신도국, 재단사 　무국을 둠. 3) 재단법인 기독교대한감리회 유지재 　단의 이사가 되며 이사장이 됨. 4) 사회복지법인 기독교대한감리회 사 　회사업유지재단 당연직 대표이사가 　됨.

1990년 판	• 감독회장은 감리회 본부의 모든 예산(재정)의 수지를 결재한다. • 감독회장은 총회와 총회 실행부위원회의 회장이 되며 각 국위원회에서 선택한 각 국 총무를 임명한다.	위의 1) 2) 3) 4)항은 같고, 기독교대한감리회 교역자 은급재단의 직권상 이사가 된다.
1994년 판	위와 같음.	위와 같음.
1996년 판	제7장(감리회 본부 치리) 2절(감독회장) 직무가 별도로 제정(p.87)	1) 재단법인 기독교대한감리회 유지재단의 당연직 이사장이 됨. 2) 사회복지법인 기독교대한감리회 사회사업유지재단의 당연직 이사장이 됨. 3) 재단법인 기독교대한감리회 교역자 은급재단의 당연직 이사장이 됨. 4) 선교, 교육, 사회평신도, 사무국에 **홍보출판국 신설됨.** 5) 각 국 총무 및 국장의 임면을 총회 실행부위원회에 제청하여 인준을 받아 임면함. 6) 행정총회, 입법총회, 총회실행부위원회 및 감독회의의 당연직 의장이 됨.
1997년 판	제7장(감독회장과 감리회 본부) 제2절(감독회장) 직무를 16항으로 규	• 위의 1) 2) 3)항은 같고, • 사회복지법인 기독교대한감리회 사회복지재단의 당연직 이사장이 됨. • 선교, 교육, 사회평신도, 사무국, 홍

1997년 판	정함.	보출판국에 비서실을 신설. • 본부의 총무, 국장, 원장, 실장의 임면은, 선교국 교육국 사회평신도국 홍보출판국의 총무와 국장은 **감독회장**이 추천하여 각 국위원회에서, 사무국 국장은 **감독회장**이 추천하여 유지재단 이사회의 인준을 받아 임면함.

위의 표에서 볼 수 있듯이, 1981년 감독회장 제도가 채택되자 종래의 재단법인 기독교대한감리회 유지재단(교회에 속한 모든 건물을 관리와 공급)에 이어서 사회복지법인 기독교대한감리회 사회사업유지재단(복지사회건설에 기어코자 경영)을, 1990년에는 재단법인 기독교대한감리회 교역자은급재단(교역자의 은퇴 후 생활 보조와 복리향상에 기어코자)을 설립하여 감독회장이 이사장 직임을 맡아 운영하도록 하였다.

그리고 1981년 당시 감독회장(총회에서 선임하기 시작한 해)은 다원제 감독제 하에 있었기에 감독회를 주재하며 총회에서 위임된 일 등을 협의하여 실행하고자 간사 1명을 두어 사무를 감당케 하였고, 1988년에는 감독실에 사무 간사 약간명을 두도록 개정하였으며, 1997년에는 감독실 비서실장제를 채택함으로써 감독실 업무를 강화하였다. 또 1981년 당시 감리회 본부 부서 조직으로 4개 조직(선교국, 교육국, 평신도국, 재단사무국)을 두었는데 1997년에 홍보출판국을 신설하여 기관지와 각종 도서, 간행물을 발행하고 보급하도록 하였다. 1997년에는 그동안 각 국위원회(이사회)에서 총무를 선출하여 감독회장이 임명하도록 하던 규정을 감독회장이 각 국 총무를 추천하여 해당 위원회나 이사회의 인준을 받도록 변경하므로 감독회장의 중심 하에 그 직무를 책임 있게 수행하도록 강화하였다.

이와 같은 현상은 기독교대한감리회가 감리교 선교 100주년을 앞두고 추진한 '5천 교회 100만 신도 선교 운동과 1986년부터 1995년까지 추진한 '7천 교회 200만 신도 운동'의 전개(1,519교회 설립, 105교회 폐지)로[141] 교세가 확장되자, 이에 따라 조직의 변화를 모색한 것이라 하겠다. 이러한 기구 확장과 함께 조직 기구 개편(각 국의 부서의 신설이 증가하였음)에 부응할 전문 인력의 활용이 절실하게 되었다. 이에 감리교회는 감독회장의 직무가 막대함을 인식하고 감독회장 전임제의 필요성에 따라 법을 개정하고 2004년부터 감독회장을 전임감독제로 변경(교회를 담임할 수 없다고 규정, 4년 단임)하였다.[142] 그리고 비서실의 직무를 더욱 확대하였다.[143]

(2) 유지재단과 기본재산관리

1990년대에 감리회가 운영한 재단은, 재단법인 기독교대한감리회 유지재단(1926년에 법인 설립 허가)을 비롯하여 사회사업재단(1981년 설립)과 은급재단(1990년 설립)이 있었다. 그러나 이 장에서는 감리회 유지지단과 감리회 본부에 직속한 기본 재산을 관리하는 '감리회 본부 기본재산관리위원회'에 관하여 살피면서 감리회 본부 조직의 변화를 살펴보고자 한다.

1) 재단법인 기독교대한감리회 유지재단

'기독교대한감리회에 속한 모든 교회와 이 교회에서 경영하는 전도, 교육, 구호와 어린이집 및 유치원, 기타 사회 교화, 봉사 사업을 위하여 필요한 토지 건물과 설비품을 소유 관리하고 필요한 재산을 공급함'을 목적으로, 1926년에 설립한 감리회 유지재단은 감독회장을 이사나 이사장으로 하고 재단사무국 총무를 두어 모든 사무를 관장하게 하였다.

그러나 1990년에 감독회장은 직권상 이사장이 된다고 개정한 후 1996년부터 감독회장은 당연직 이사장이 된다고 변경하므로 감독회장의 직무에 대한 책임을 분명히 하였다. 본 법인의 목적을 위하여 행할 사업은 다음과 같다.[144)]

1. 전도, 교육, 구호를 위한 사업
2. 국민 정신 계발과 사회 개발에 관한 사업
3. 사회 교화 및 봉사에 관한 사업
4. 개체 교회에서 경영하는 어린이집 사업 및 유치원 사업
5. 효도 앙양과 조상 존중 사상을 함양하기 위한 분묘지 사업
6. 본 법인이 목적과 사업을 위하여 필요한 재정 염출을 하기 위한 수익 사업
7. 기타 필요한 부대 사업

본 유지재단의 정관의 임원인 이사는 '기독교대한감리회 각 연회에서 목사 대표 1명과 평신도 대표 1명을 선임하고 주무관청의 승인을 받아야 하기에', 연회 조직이 변경됨에 따라 '임원 선출'에 관한 일부를 몇 차례 변경하여 인가를 받았다.

2) 감리회 본부 기본재산관리위원회

감리회 본부 기본재산관리위원회는 기독교대한감리회 본부 각 부 사업을 위하여 설립한 위원회로, 본부 기본 재산(감리회관, 정우빌딩 11층, 입석교육원, 유스호스텔 등)을 관리하고자 설립하였다는 점에서 유지재단과 구분이 된다. 1980년에는 감독회장이 기본재산관리위원회

의 위원장이었으나, 기본 재산의 관리가 방대해지자 1986년 제17회 총회 입법의회에서 '기본재산관리위원회 위원장은 감독회에서 선출된 감독이 위원장이 되고 재단이사장(감독회장)은 직권상 위원이 된다'고 변경하였다. 그러나 기본재산관리위원회의 직능에서 보면 '감리회 본부에 직속한 기본 재산을 관리하고 필요에 의하여 변동코자 할 때에는 본 위원 3분의 2의 동의로 재단법인 이사회의 허락을 받은 후 이를 처리키로 한다'고 되어 있어 실제로는 감독회장이 최종 처리 회의의 주재자인 셈이다.

그럼에도 1997년 10월 입법의회에서 유지재단이사회와 기본재산관리위원회가 상이할 경우에 대립 양상을 가져올 수 있음을 감안하여, '유지재단이사회와 기본재산관리위원회가 상이할 경우 감독회장이 주재하는 연석회의에서 심의 결정한다'고[145] 변경하므로 감독회장의 직무를 강화하였다.

이런 점에서 기독교대한감리회 본부의 조직과 운영은 감독회장 중심의 제도였다. 하지만 당시 감독회장은 교회를 담임하면서 감독회장의 직무까지 수행해야 했기에 실제적인 업무는 전문적으로 각국 총무가 처리하였다. 그러기에 각 국 총무를 각 국위원회(각 연회에서 선출한 목사와 평신도 각 1명으로 구성)에서 선출하던 것을 1997년에 감독회장이 추천하여 각 국위원회(이사회)의 승인을 받도록 변경하여 감독회장 중심의 책임 있는 본부 운영을 시도하였다. 그러나 의회주의와 민주적인 선출제를 강조하는 감리회의 특징 때문에 1999년 11월 18일 입법의회에서 각 국 총무는 각 국위원회(이사회)에서 선출하여 감독회장의 인준을 받도록 환원하여 변경하였다.[146]

감리회 신앙고백 후와 21세기 선교 체제
(1998~2010)

VI. 감리회 신앙고백 후와
21세기 선교 체제(1998~2010)

 1997년 감리회 신앙고백을 제정할 시 '교리와 장정의 역사적인 맥을 이어가면서 감리회의 교리나 교회의 기본적 체제에 부합되도록 장정 개정안을 마련하였다'고 개정안의 방향을 제시한 것은, 감리회가 지니고 있는 특징인 감독 중심의 제도와 민주적인 의회 제도를 잘 살리는 방향이었다는 뜻으로 이해하고자 한다. 이 좋은 감리회의 특징을 통하여 궁극적으로 해야 할 일은 선교를 위한 체제로의 변화라고 해도 좋겠다. 감독회장은 감리회 선교 정책의 대표자이고 교역자는 개체 교회에서 선교의 사명을 감당하는 대표자라는 점에서, 감리회가 맞는 21세기 선교 체제의 변화는 감독회장의 직무를 강화하고 또 장래의 감리교회를 이끌어 갈 교역자 대책을 강구하는 데 있다고 본다.

 이처럼 21세기를 바라보는 감리교회 제도의 변화가 선교 체제의 강화에 있다고 할 때, 1998년부터 기존 10개의 연회 조직을 통해 국내에 있는 연회 조직을 재정비하고 또 해외 선교를 위한 발판인 미주연회를 특별연회로 신설함으로써 선교 체제에 변화를 준 것은 매우 고무적인 일이다. 한편 이런 법적 체제가 잘못되지 않도록 잘 관리하고 운영하는 책임은 21세기를 맞는 감리교회의 과제이기도 했다.

1. 전임 감독회장 제도와 교역자 대책

1999년 10월 제23회
입법의회에서 감리회의 기본 조직인 개체 교회에 대한 정의를 '당회
가 구성된 교회를 개체 교회' 라고[147] 제시하였다. 여기서의 당회는
교회를 이끌 입교인 12명이 있어야 한다는 말이다. 이는 입교인 12명
이 있어야 교회의 기능을 수행할 수 있는 최소한의 조직이 되고, 자
립 교회로서의 역할을 감당할 수 있다고 규정한 것이다. 이로써 교회
에 대한 기본 체제를 분명히 하였다. 또 교회를 담임할 교역자의 자
질을 향상하고 전문성을 도모하는 과정으로 '수련목회자 과정' 을 신
설한 점도 21세기 선교 체제의 일환이었다고 하겠다.

이와 같은 감리회의 기본 조직인 교회 체제의 강화와 더불어 2003
년 10월 제25회 입법의회에서 강력한 지도력을 발휘하고 새로운 비
전을 제시하는 측면에서 감독회장 4년 전임 제도를 도입하였는데,
이 역시 감리교회의 전통적인 감독 중심 제도를 살린 선교 체제의 강
화라 할 수 있다. 그러나 감리교회는 4년제 전임 감독회장의 첫 임기
를 마치자마자, 강력한 지도력을 발휘하고 새로운 비전을 제시한다
거나 선교 체제로 변화하기보다는 도리어 지나친 중앙 집권 체제에
서 벗어나지 못해 제2기 전임 감독회장을 선출하지 못하고 혼란 가
운데 처하였다.

(1) 전임 4년 감독회장 제도의 채택

총회에서 선임하는 감독회장 제도는 1981년부터 실시되었다.[148]
이로부터 12년이 지난 2003년에 전임 4년 감독회장 제도를 채택하였

다. 이 제도가 채택된 2003년 10월 제25회 입법의회에서 통과된 교리와 장정 편찬사를 보면 '교세의 성장과 세계 감리회를 영도할 조직과 제도, 강력한 지도력을 발휘하고자' 전임 4년 감독회장 제도를 제정하게 되었다고 설명하고 있다.

> 기독교대한감리회의 사명을 완수하기 위한 목적으로 1930년 제1차 총회에서 제정된 '교리와 장정'은 수차에 걸쳐 시대에 맞도록 개정하고 수정 보완해 오게 되었습니다. 세계 감리회(WMC) 회원국 교회 가운데 2위의 교세로 성장하게 된 기독교대한감리회는 2006년 우리나라에서 개최될 세계감리회총회(WMC)를 앞두고 세계 감리회를 영도할 수 있도록 조직과 제도를 보완하여 강력한 지도력을 발휘하고 새로운 비전을 제시하는 방향으로 '교리와 장정'을 개정하게 되었습니다.

'세계 감리회 회원국 교회 가운데 2위인' 한국 감리회의 교세(2003년)는 통계상 5,386개 교회에 1,417213명의 교인, 그리고 7,810명의 교역자였다.[149] 또 한국 감리교회가 2003년부터 2004년에 300만 총력 전도 운동을 추진하고 있는 때여서, 본부에서는 전 연회 교역자를 대상으로 제1차 전국지도자대회를 개최하고 지방 운동본부 발대식과 전도 훈련을 실시하는 등 홍보와 조직 그리고 훈련을 통해 현장 교회 중심으로 전도 운동을 펼쳐 감으로써 선교 체제에 새로운 방향을 제시하였다.

1) 전임 감독회장 제도 실시와 중점 사업

2004년 10월 제26회 총회에서 4년제 전임 감독회장(신경하)을 선출하였다. 2005년부터 기독교대한감리회는 향후 4년간 '희망을 주

는 감리교회' 라는 표어 아래 다음과 같은 3대 정책 목표와 10대 우선 사업을 정하였다.[150]

• 3대 목표(정책)

1. 나날이 새로워지는 감리교회

   영적 대각성 운동을 전개해 감리교회를 감리교회답게 한다.

2. 든든히 서 가는 감리교회

   300만 총력 전도 운동의 결실화와 사회 봉사를 통해 감리교회를 든든히 세워낸다.

3. 세계로 나아가는 감리교회

   세계감리교대회의 성공으로 감리교회가 세계 선교를 주도한다.

• 10대 우선 사업

1. 선교 120주년과 민족 복음화를 위한 새 비전 창조

2. 300만 총력 전도 운동 지속과 현장화

3. WMC 대회의 성공적 개최와 세계 교회 속에서 위상 확립

4. 사회 봉사 종합 시스템 마련

5. 투명하고 합리적인 본부 운영과 전산화 및 적극적 홍보

6. 미자립 교회의 자립 기반 마련과 은급 사업 대안

7. 교회학교 새로 세우기와 청년 지도자 양성

8. 평신도 자원 발굴과 참여 확대

9. 목회자 수급 대책과 신학교육의 통일성

10. 기본 재산의 효율적 관리와 개발 청사진

감리회 본부는 2003~2004년 '300만 총력 전도 운동'과 2004년

'호남선교대회'의 개최로 전도 열기를 고조시켰다. 그 결과 2006년도에 교회 5,692개와 교인 1,508,434명(오래 동안 목표를 둔 교인 150만 명)의 성과를 거두게 되었다.[151] 또 2006년도에 서울 금란교회에서 80여 개국과 국내외 등록회원 2,875명이 참석한 가운데 '제19차 세계감리교회대회'를 진행하므로 세계로 나아가는 발판을 마련하였다.[152]

2006년 10월 제27회 총회에서는 한국 교회 부흥 운동 100주년을 맞는 2007년을 앞두고 감리교회의 미래와 희망을 창조해 나가고자 '감리교 희망 프로젝트'를 채택하였다. 그리고 2007년 8월에 부산에서 '영남선교대회'(7만 명 이상 참석)를 개최함으로, 지속적인 전도 운동 전개와 영적 각성 집회, 도시와 농어촌을 연결하는 자매결연 운동 등을 추진하였다.

선교 120주년을 맞은 기독교대한감리회의 2007년도 해외 선교 현황을 보면, 14개 지역에 1,203명(미주 특별연회, 해외 선교지방 포함)을 파송하였고,[153] 7개의 선교 훈련기관과 33개의 감리교 세계선교단체가 해외 선교를 위해 최선을 다하고 있었다.[154]

2) 감독회장의 제도 운영

감독회장의 직무를 통해 볼 때, 감독회장의 제도 운영은 크게 세 가지로 구분할 수 있다. 하나는 영적 지도자로서의 기능이고, 둘째는 행정수반으로서의 행정과 정책 구현이고, 셋째는 인사 관리자로서의 본부 운영이다. 감독회장의 직무에 나타난 행정수반으로서의 행정과 인사 관리자로서의 본부 운영에 대한 항목을 보면 다음과 같다.

• 행정수반으로서의 행정 업무

▶재단법인이나 기타 이사장

1. 감독회장은 임기 중 재단법인 기독교대한감리회 유재재단의 당연
   직 이사장이 된다.

2. 감독회장은 임기 중 사회복지법인 기독교대한감리회 태화복지재단
   의 당연직 이사장이 된다.

3. 감독회장은 임기 중 사회복지법인 기독교대한감리회 사회복지재단
   의 당연직 이사장이 된다.

4. 감독회장은 임기 중 재단법인 기독교대한감리회 교역자은급재단의
   당연직 이사장이 된다.

5. 감독회장은 임기 중 재단법인 기독교대한감리회 장학재단의 당연
   직 이사장이 된다.

6. 감독회장은 임기 중 본부 기본재산관리위원회의 직책상 위원이 된다.

7. 감독회장은 월간 '기독교세계' 와 주간 '기독교타임즈' 의 발행인이
   되며 주간 '기독교타임즈' 의 이사장이 된다.

▶회장

1. 감독회장은 총회 실행부위원회의 의장이 된다.

2. 감독회장은 총회, 입법의회, 총회 실행부위원회 및 감독회의의 당연
   직 의장이 된다.

• 인사 관리자로서의 본부 운영

1. 감독회장은 행정기획실장을 천거하고 감독회의의 인준을 받아 이
   를 임면한다.

2. 감독회장은 각 국 총무, 원장, 실장의 제청을 받아 부총무 및 부장을
   임면한다.
3. 감독회장은 연수원 원장을 천거하여 총회 실행부위원회의 인준을
   받아 임면한다.
4. 감독회장은 장정과 본부 내규의 정하는 바에 따라 직원을 임면한다.

이와 같이 감독회장은 '감리교회에 속한 모든 교회와 이 교회에서
경영하는 전도, 교육, 구호와 보육시설, 기타 사회 교화와 봉사 사업
을 위하여 필요한 토지 건물과 설비품을 소유관리하며 필요한 재산
을 공급하고자' 재단법인 유지재단을 비롯하여, 재단법인 교역자 은
급재단과 재단법인 장학재단의 당연직 이사장, 그리고 2개의 사회복
지법인을 포함하여 7개의 이사장으로 활동해야 하는 막중한 행정 업
무 대표자다. 뿐만 아니라 감리교회의 입법과 정책을 결정하는 총회
와 입법의회의 의장이다. 또 그 정책에 따라 행정을 실시하고 준비하
는 본부 운영의 책임자다.

이렇듯 막대한 책임을 수행할 4년 전임 감독회장 제도는 감리교회
가 자랑으로 여기고 있는 감독 중심 제도에 의한 것이어서, 감독회장
의 강력한 지도력과 시대에 맞는 선교 체제의 방향 제시가 요구되었
다. 그러나 기독교대한감리회의 전임 감독회장 제도는 4년 단임인데
다가 임기를 마치고 은퇴할 연령(적어도 61세 이상)이어서, 목회 말년
에나 감독회장으로 입후보할 수 있어 책임감 있는 지도력을 발휘하
거나 장기적이고 일관성 있는 정책이나 선교 체제를 계획하기 어렵
다는 단점을 가지고 있다. 반면 미국 감리교회 감독은 평생 감독 직
임을 수행할 수 있기에, 강력한 지도력을 발휘할 수 있으며 일관성
있는 정책을 계획하고 수립함으로 선교 체제를 강화할 수 있다.

아무리 좋은 정책이라도 일회성으로 끝이 나면 일관성이 없고 신뢰도가 낮아질 확률이 높다. 다시 말해 임기 동안에 행한 사업이 하나의 구호나 대회로 끝나버릴 수 있는데, '300만 총력 전도 운동'이 그 예라 할 수 있다. 즉 300만 총력 전도를 목표로 하는 정책이 감독회장이 바뀌면서 중단되거나 명목상으로만 남게 된다는 사실이다.

한편 2005년 제26회 입법의회에서 '행정 재판 절차를 통하여 각 의회의 위법·부당한 의결이나 각 의회의 장의 위법·부당한 행정 처분과 행정 처분권의 불행사 등으로 각 의회의 구성원의 권리 침해가 있거나 각 의회의 질서가 문란하게 된 경우에 이를 구제하고 행정의 적정한 운영을 기하여 바르게 세워 나가고자' 행정 재판법을 제정하였다. 이 법 제정은 감리교회가 의회 제도의 특징을 지니고 있다는 점에서 매우 바람직한 것으로 볼 수 있다. 그러나 2년마다 선출하는 감독과 4년마다 전임 감독회장을 선출하는 한국 감리교회로서는 그 운영에 있어서나 그 질서 유지에 많은 어려움을 겪을 수 있다는 우려가 있다.

(2) 교역자 수급 대책

1999년 10월 제23회 입법의회에서 목회자의 자질 향상과 전문성을 도모하고자 감독회장 산하에 수련목회자 과정을 위한 '교역자수급계획위원회'를 신설하였다. 또 목사고시원을 설치하여 수련목회자를 선발, 의뢰하도록 하였다.[155] 그러나 2001년 10월 제24회 입법의회에서 교역자수급계획위원회와 목사고시원운영위원회를 '교역자 수급 및 목사고시위원회'로 통합함으로써 행정의 일원화를 통해 수련목회자 과정을 엄격히 규정하고 선발된 수련목회자는 준회원 진급고시과정(허입, 1·2년급 과정시험과 논문)에 따라 진급하고 3년급 때에 목사 고시과정 과목에 합격하면 안수하도록 하였다.[156] 2003년 10월 제25회 입법의회에서는 목사 고시와 수련목회자 선발고시를 매년 실시하되 고시 과목은 교역자 수급 및 고시위원회 규정에서 정한대로 실시토록 하였다.[157] 그러나 2007년 10월 제27회 입법의회에서 목사 고시과정을 폐지하고 수련목회자 선발고시만을 실시하도록 개정하는 한편, 수련목회자의 지도목사 세미나를 실시하여 지도목사 교육을 받은 목회자 교회에만 수련목회자를 파송하도록 개정하였다.[158]

이처럼 몇 년을 거치면서 수련목회자 훈련에 관한 규정이 개정된 것은 목회자의 자질 향상과 전문성을 도모하고자 하는 뜻이 있었기 때문이다. 또 2007년 5월에 장단기발전위원회 제3분과 위원회는 '교역자 수급 및 신학교육 대책 포럼'을 갖고 세 가지 분야로 나눠 토의하는 시간을 가졌는데, 발제의 주요 내용을 요약하면 다음과 같다.

• 교역자 수급 및 신학교육 대책 포럼 주요안

▶감리교 교역자 수급 조절 안(최이우 목사)
현 감리교회 3개 신학대학원에서 배출되는 졸업생 수가 매년 적재되는 상황이다.
그 해결 방안으로 신대원생 인원 조절(목사 고시, 입학생 조절 등)과 인원 운영의 묘(수요만큼 조절, 인턴 과정과 담임목회자의 과정 분리, 선교사와 기관목사 확대, 재정 확장 등)를 제시했다.

▶통합신학대학원 개설 안(전준구 목사)
설문 조사에 의한, 신학대학원 통폐합(찬성 69.4%, 반대 22.3%), 통폐합 이유(학연으로 인한 갈등 해소 44.4%, 교역자 수습 조정 37.3%), 통폐합 방식(한 학교 통합 51.2%, 3개 학교 중 한 학교를 통합신학대학원으로 하고, 그 학교 학부는 없앰 28.4%, 교단에서 따로 설립 15.2%)으로 보아 어느 것을 선택하든 문제점이 있음을 지적하고, 장기적인 계획 하에 구체적인 통합 논의가 발전적으로 이루어져야 한다.

▶목회자 자질 개선 문제(고신일 목사)
목회자 자질 문제는 다양하겠으나, 목회자가 가져야 할 공통분모는 강렬한 소명감, 불타는 사명감, 철저한 책임감이 있어야 하고, 비전의 사람, 계획하고 추진하는 사람, 모든 영광을 하나님께 돌리는 겸손한 사람이어야 한다. 일차적으로는 목회자 자신에 책임이 있으나 신학대학 교수들의 책임도 크다.

기독교대한감리회는 2004년 이후 점차 줄고 있으나 2005년부터 2007년까지 3개 신학대학원에서 배출된 졸업자가 매년 평균 429명이고 교회에 나간 수는 평균 168명(39.39%)에 그쳐 일터에 나가지 못한 사람이 261(60.61%)명이 된다고 밝혔다.[159] 이러한 상황에서 교역자수급대책위원회의 역할이 매우 중요하나, 이보다 더 요구되는 것은 통합신학대학원을 교단적으로 직접 운영하는 제도적인 조치와 함께 이를 위한 재정적인 확보다.

2. 10개 연회와 선교·미주특별연회 신설

1976년 지방 분권화를 위하여 다원 감독제가 도입될 당시의 연회 수는 3개 연회(중부, 동부,

남부, 후에 중앙연회)였으나 2003년에 10개 연회로 크게 성장하였다.[160] 2003년에는 '국내외에서 선교하여 전도 사업을 발전시키고자' 선교연회를 신설하여 삼남선교연회를 설치하는 한편, 2007년 10월 제27회 입법의회에서는 해외에 있는 미주 지역 교회를 중심으로 선교 체제를 확립하고자 미주특별연회법을 신설하여 미주특별연회를 설치하고 조직하였다.

그러나 이미 앞장에서 살펴보았듯이 기독교대한감리회의 연회 조직 변화는 선교 체제(궁극적으로 주의 지상명령인 선교에 있다고 보므로)를 위한 연회 설치보다는 분열 후에 다시 하나가 된다는 것에 전념하고 통합의 방향에서 분열된 측의 연회를 수용하고 조직하였다는 점이다. 또 불법을 지적하고 분열한 후에 조건을 앞세워 다시 합동하면서 감리교가 자랑으로 삼는 감독 제도의 임기를 4년(감독전임제일 때는 중임할 수 있었음)에서 2년으로 단축하고 자립하기 어려운 여건에 있는 연회를 분할함으로써 지속적인 선교 체제 유지가 어렵게 되었다는 점이다. 이는 어떤 면에서 비효율적인 선교 체제에 빠질 확률이 높아진다는 것을 뜻한다. 오늘의 시대가 지방분권화나 지방자치제를 필요로 한다고 하나 연회 조직은 교회 수로나 교역자 수로나 재정적으로나 모든 면에서 자립할 수 있는 선교 체제로의 조직이 필요한 때임을 공감한다.

이 장에서는 기존 연회의 조직과 역할, 그리고 선교·미주특별연회의 조직에 대하여 살펴보고자 한다.

(1) 기존 연회와 역할

1976년 3월에 다원제 감독제에 따라 3개 연회 감독(중부·동부·남부)이 선출되고, 그동안 기독교대한감리회 3개 연회를 관할하던 김창희 감독이 1978년 10월 제13회 합동 정기총회까지 회장을 역임하므로 단일 감독 하에서의 연회 시대는 끝이 났다. 그리고 1978년 총회에서 4개 연회로 새롭게 조직(중부·동부·남부·중앙연회)하고[161] 감독을 선출하였다.

1980년 9월에 5개 연회(서울·중부·동부·남부·삼남연회)로 다시 분할하였고, 1996년 10월에 7개 연회(서울·서울남·중부·경기·동부·남부·삼남연회)로 분할하였다. 1999년 10월에 9개 연회(서울·서울남·중부·경기·동부·충북·남부·충청·삼남연회)로 분할 조직하였고, 2001년 10월에 10개 연회(서울·서울남·중부·경기·중앙·동부·충북·남부·충청·삼남연회)로 분할하여 오늘에 이르고 있다.

위의 분할 과정을 보면 일반적으로 서울을 제외하고는 행정구역에 의하거나 생활권 형성 등을 고려하여 연회를 분할 조직하였다는 공통점을 가진다. 1980년 조직연회로 5개 연회가 출범한 뒤 16년 동안 5개 연회 시대가 계속되다가, 1996년 10월에 서울연회를 서울연회(한강 이북)와 서울남연회(한강 이남)로, 중부연회를 중부연회(인천시 중심)와 경기연회(경기도 중심)로 분할하여 7개 연회가 되었다. 그러다 3년이 지난 1998년에 동부연회를 동부연회(강원도)와 충북연회(충청북도)로, 남부연회를 남부연회(대전시 중심)와 충청연회(충청남도 중심)로 분할하여 9개 연회가 되었다. 2001년에 중부연회와 경기연회를 조정하여 중부연회(인천 중심), 경기연회(경기도), 중앙연회(경기도)로 분할함으로써 기독교대한감리회는 10개 연회가 되었다.

1) 연회 경계법의 제정

1980년 9월에 조직연회로 5개 연회(서울·중부·동부·남부·삼남)가 된 후 15년이 되는 해인 1995년 10월 제21회 총회 제1회 입법총회에서는 '5천 교회 100만 신도 선교 운동'과 '7천 교회 200만 신도 운동'의 추진으로 교세가 확장되자 연회 분할의 필요성을 느끼고서 '연회 경계법'을 정하였다. 연회 분할은 '개체 교회 수와 분포 사항, 행정구역 및 생활권의 형성 등'을 고려하였다.

다음은 연회 분할의 요건에 관한 변화표다.

연회 분할의 요건 변화표[162]

제정 및 개정 근거	연회 분할 요건	연회 분할 절차
제21회 총회 입법총회 (1995년 10월)	개체 교회 수가 500개소 이상이 되고, 그 중 정회원이 100명 이상 포함되어야 한다.	• 연회 분할 건의안이 연회에서 채택되어 재석 과반수의 찬성으로 가결 후 입법총회에 상정 • 장정개정연구위원회에서 이 법별표 개정안을 심사한 후 입법총회에 상정 • 입법총회에서 재적 과반수의 출석과 출석 과반수의 찬성으로 연회 분할에 관한 별표 개정안을 의결
제22회 총회 입법의회 (1997년 10월)	개체 교회 수가 600개소 이상이 된 연회로서, 분할된 연회가 개체교회 250개소 이상이 되고, 그중 정회원이 100명 이상이 포함되어야 한다.	〃
	개체 교회의 수가 800개소 이상이 된 연회로서, 분할된	

| 제23회 총회
입법의회
(1999년 11월) | 연회가 개체 교회 350개소
이상이 되고, 그 중 정회원
200명과 교인 수가 7만 명
이상이 포함되어야 한다. | 〃 |

위 표에서 볼 수 있듯이 연회 분할을 할 때의 요건은, 분할을 상정하는 연회의 개체 교회의 수가 1995년에 500개소였으나, 1997년에는 600개소, 1999년도에는 800개소로 증가하였다. 이렇게 개체 교회 수가 점점 늘어난 것은 기본 교회 수가 최소한 400개소가 되어야 자립할 수 있기 때문이다. 또 정회원 수도 최소한 200명 이상, 그리고 교인 수도 7만 명 이상이 되어야 연회 운영이 효율적이라고 보아서다. 그러나 이러한 규정에 따라 연회가 분할되었어도 자립이 어려운 교회 수가 많았을 때는 연회 분할이 효율적인 방안이라고 말할 수 없는 점이 있다. 이 법에 따라 1998년에 분할한 동부연회와 충북연회, 남부연회와 충청연회가 그 좋은 예다.

2) 연회 본부의 조직과 운영

400개소 이상의 개체 교회와 정회원 200명 이상, 그리고 7만 명의 교인들로 조직된 연회는, 연회 본부를 두어 '감리회 본부의 정책에 따라 연회 차원의 사업 계획을 수립하여 집행하고 소속 지방회와 개체 교회에 대한 지도, 감독을 위하여' 유급 총무와 사무원, 필요할 시에는 간사를 두어 운영하는 방대한 조직이다.

연회 본부는 연회의 직무에 따라 그 업무를 크게 세 가지로 구분할 수 있다. 첫째는 가장 중요한 목사 안수와 인사 관리이며, 둘째는 본부 정책에 따른 연회 차원의 사업(선교, 교육, 사회평신도)을 수립하여 집행하는 것, 그리고 셋째는 행정사무의 관장이다.

다음의 연회 분할 당시(1998년)와 10년 후(2008년)의 동부연회와 충북연회 예산액 비교표를 통해 알 수 있듯이, 동부연회는 운영에 별다른 어려움이 없었지만 충북연회는 본부로부터 지원금을 받으면서도 운영에 있어 매우 어려운 상황(1998년도 예산보다 10년 후인 2008년도 예산이 더 적은 예산임)임을 알 수 있다.

1998년에 분할한 동부연회와 충북연회의 예산액 비교표[163]

동 부 연 회			충 북 연 회		
수입항목	1998년도	2008년도	수입항목	1998년도	2008년도
연회부담금	344,250,000	699,617,000	연회부담금	142,163,000	243,277,000
특별 수입	40,520,000	88,400,000	특별 수입	7,800,000	31,000,000
본부지원금	386,000,000	160,000,000	본부지원금	232,392,000	160,000,000
기 타	33,890,320	70,176,000	기 타	67,618,000	12,985,000
합 계	804,660,320	1,018,193,000	합 계	449,973,000	447,262,000

(2) 호남선교·미주특별연회의 조직

기독교대한감리회는 연회 안에 선교연회를 두어 그 연회 감독 산하에 관리자를 임명하고 운영하다가 독립 연회로서의 요건이 되었을 때에 분할하는 방법으로 선교연회를 조직 운영하여 왔다. 그러나 세계 각처에 선교사 파송이 늘고 동포를 대상으로 하는 교회가 설립되자 1995년부터 해외선교연회를 설치하게 되었다. 그 후 관리가 어려워지게 되자 1999년 입법의회에서 미국을 중심으로 하는 '미주선교연회'를 조직하고, 그 외의 국외지방은 국내 해당 연회에 편입시키도록 하였다.

이 선교연회를 관리하고 운영하는 과정에서 선교연회 자체로서의 사업 중심의 연회 운영의 필요성에 따라 호남선교연회와 미주특별연회가 조직되게 되었다.

1) 호남선교연회 조직

2003년 10월 제25회 총회 입법의회에서 전라남북도와 제주도의 9개 지방(전주, 전남동, 전남서, 제주, 군산, 익산, 전북, 광주, 여수)을[164] 경계로 하는 '호남선교연회'를 삼남연회 안에 두었다. 그러나 삼남연회 지역이 너무 광활(5개 도)하여 더욱 효율적인 운영을 위하여(미국을 중심으로 하는 미주선교연회도) 2005년 10월 제26회 입법의회에서 선교연회의 조직과 직무에 관한 규정을 정하였다.[165] 그 조직과 직무에 관한 중요한 내용은 다음과 같다.

• 선교연회 조직과 직무의 주요 내용

▶조직
1. 국내외에서 선교하여 전도 사업을 발전시키기 위하여 입법의회에서 선교연회를 조직할 수 있다.
2. 선교연회는 소속 연회의 교역자들과 평신도 대표들로 조직한다.

▶직무
1. 선교연회는 사업 연회로서의 직무를 수행한다.
4. 국내 선교연회는 사업 연회로 모이고 교역자와 평신도 연회 회원은 소속 연회로 참여한다.
5. 국내외 선교연회에서는 선교의 편의를 위하여 장정에 준하여 별도

의 내규를 만들어 시행할 수 있다.

2) 미주특별연회 조직

1995년 10월 제21회 총회 입법총회에서는 국외 선교를 위하여 13개 지방(유럽, 뉴욕, 미중북부선교, 미동부선교, 카나다선교, 미서부, 미서북부, 미중부선교, 남미선교, 남태평양, 원동, 방글라데시선교 등)으로 하는 '해외선교연회'의 경계를 정하였다.[166] 그로부터 4년이 지난 1999년 제23회 입법의회에서 9개 지방으로 하는 '미주선교연회'를 설치하였는데, 그 지방은 다음과 같다.

• 미주선교연회 9개 지방[167]
뉴욕, 미중북부선교, 미동부, 캐나다선교, 엘에이, 미서남부, 미서북부, 미중부선교, 남미선교

2005년 10월 제25회 입법의회에서 '국내외에서 선교하여 전도 사업을 발전시키고자' 선교연회 조직과 그 직무의 법이 제정되면서 '사업연회로서의 직무'를 수행하고자 미주특별연회를 설치(감독을 선출할 수 있음)하게 되었다. 이로써 미주특별연회는 1999년 미주선교연회로 출발(당시 9개 지방 중 4개 지방이 선교지방이었음)한 지 9년이 되는 2005년에 선교지방이 없는 13개 지방으로 교세가 확장되었다. 그 지방은 다음과 같다.

• 미주특별선교연회 13개 지방[168]
뉴욕, 시카고, 미동부, 캐나다, 남가주, 미중북부, 미중부, 미서남부, 로스앤젤레스, 오렌지, 캐나다서, 뉴욕 북부, 미서북부

3. 감리회 본부 조직과 변화

기독교대한감리회 본부는 1930년 미남감리교회가 합동하면서 탄생한 기독교조선감리회가 '내외지의 전도 사업과 교육 사업과 사회 사업을 발전시키며 총회에서 위임하는 모든 일을 처리할 목적'으로 '총리원'이라는 이름으로 출발하였는데 당시의 조직은 아래와 같다. 이 당시의 특징은 필요한 때 유급 총무를 총회에서 선정하여 운영하도록 하였다는 점이다.

1930년 총리원의 조직[169]

- 총리사와 이사 24인
- 전도국 : 국장 1인(이사 8인 국장 포함), 부장 2인, 서기 1인, 회계 1인
  유급 총무는 필요한 때는 이를 총회에서 선정
- 교육국 : 국장 1인(이사 8인 국장 포함), 부장 3인, 서기 1인, 회계 1인
  유급 총무는 필요한 때는 이를 총회에서 선정
- 사회국 : 국장 1인(이사 8인 국장 포함), 실행위원 3인, 서기 1인, 회계 1인
  유급 총무는 필요한 때는 이를 총회에서 선정

이와 같이 조직된 감리회 본부인 총리원이 '내외지(內外地)의 사업을 발전시키며 총회에서 위임한 일을 처리할 목적'(사업 중심)으로 설치한 3개국(전도, 교육, 사회)이 1977년까지 별 변동 없이 사업 중심의 조직으로 운영되어 왔다. 그러다 1974년에 분열한 갱신측과 합동하는 과정에서 평신도들의 활동을 강화하는 평신도국을 설치하므로 37년 동안 사회사업국으로 일하던 부서를 선교국 산하에 두게 되었다. 평신도국은 평신도 단체(남선교회, 여선교회, 청장년회)의 사업을 권

장하고 지도하는 업무를 감당하였다. 이는 어떤 면에서 사업보다는
교회 내의 특정 단체를 운영하는 방향으로 확대하였다는 점에서 종
래의 사회사업국을 그대로 두어야 한다는 논란을 불러일으키기도
했다.

여기서 1930년의 감리회 본부 총리원 조직을 기점으로 그 이후에
나타난 조직 변화의 특징들을 몇 부분으로 나눠 비교해 보면 아래의
표와 같다.

총리원(감리회 본부)[170] 조직의 변화에 따른 특징 비교표[171]

입법의회 개최 연도	목적과 조직	특 징
미북감리교회 합동총회 (1930년)	▶목적 내외지의 전도 사업, 교육 사업을 발전시키며 총회에서 위임한 모든 일을 처리 ▶조직 • 총리사 1인, 각 국장 3인, 각 국 부장과 서기와 회계 • 각 국 유급 총무 필요할 시에 총회에서 선정	▶감리사를 대표하는 총리사 제도를 채택. 후에 감독(총리사)으로 장정을 개정함. ▶총무를 유급으로 하였다는 점.
교리와 장정 (1975년 판) (제12회 특별총회)	▶목적 1. 본 교회를 대표하여 국내외지 선교사업과 기독교교육 사업과 사회 및 기관 사업과 여성 사업 등을 지도하며 발전시킨다. 2. 본 교회를 대표하여 관청과 내외지에 있는 다른 단체와 교섭한다. 3. 본 교회의 사업을 발전시키기	▶총리원의 업무가 다양화되었다. 즉 다른 단체와의 교섭, 기관보와 기독교 서적을 발간 ▶사회국을 선교국 산하에 부서로 두었고, 유지재단 업무가 증가

교리와 장정 (1975년 판) (제12회 특별총회)	위하여 기관보와 기독교 서적을 간행한다. 4. 기타 무슨 사무든지 총회와 연회에서 위임한 것을 실행한다. ▶조직 • 감독 1인, 재단이사회, 총회실행부위원회 • 선교국 : 국장 1인, 선교사회정책부장 1인, 출판정책부장 1인 • 교육국 : 국장 1인, 교회교육정책부장 1인, 일반교육정책부장 1인 • 재단사무국 : 국장 1인, 간사 1인	하면서 재단사무국을 설치하였다. ▶각 국에 각각 2인의 전문 분야 부장을 두었다.
교리와 장정 (1979년 판) (제13회 1978년 총회)	▶목적 1. 본 교회를 대표하여 국내외지 선교사업과 기독교교육 사업과 사회 및 기관사업과 평신도사업 등을 지도하고 발전시키며 본 교회에 소속한 모든 재산을 보존 관리하고 개발한다. ▶조직 • 감독회(사무간사 1인), 재단이사회, 총회실행부위원회 • 선교국 : 총무 1인, 국내외선교부장 1인, 사회복지사업부장 1인 • 교육국 : 총무 1인, 교회교육부장 1인, 문화교육부장 1인 • 평신도국 : 총무 1인, 전도부장 1인, 문화사회부장 1인 • 재단사무국 : 총무 1인, 간사 1인	▶평신도국의 신설로 남녀선교회의 사업과 활동 방향을 제시하고 지도 육성함. ▶평신도국은 선교국과 교육국의 직무와 중복되는 부분이어서 주로 단체의 활동에 대한 지도에 치우침.

교리와 장정 (2007년 판) (제27회 총회 입법의회)	▶감리회 본부 감리회의 정책과 사업 및 행정을 총괄하기 위해 감독회장이 행정수반이 되어 관장한다. 감리회 본부는 국내외적으로 감리회를 대표하는 기관이다. ▶조직 • 감독회장 1인, 감독회, 재단이사회, 총회실행부회 • 선교국 : 총무 1인, 부총무 1인, 국내선교부장 1인, 사회농어촌환경부장 1인, 해외선교기획부장 1인, 선교사관리부장 1인, • 교육국 : 총무 1인, 교육행정부장 1인, 장년교육정책부장 1인, 차세대교육정책부장 1인, 교육교재부장 1인 • 사회평신도국 : 총무 1인, 평신도부장 1인, 사회봉사부장 1인, 사회복지부장 1인 • 사무국 : 총무 1인, 재산관리부 1인, 회관관리부장 1인, 은급부장 1인, 재단 회계부장 1인, 민원부장 1인 • 출판국 : 총무 1인, 기독교세계부장 1인, 출판부장 1인 • 연수원 : 원장 1인, 제1연수부장 1인, 제2연수부장 1인 • 행정기획실 : 실장 1인, 총회행	▶감리회 본부 기구 조직이 5국 1원 1실에, 25부장으로 광대하게 확장되었음. ▶감독회장의 산하에 있는 행정실이 5개부로 확장함.

	정부장 1인, 기획홍보부장 1인, 역사전산부장 1인, 서무행정부장 1인, 본부회계부장 1인	

이 표, 즉 교리와 장정을 통해 본 기독교대한감리회 본부 조직은, 미남감리교회가 합동한 1930년을 기점으로 하여 77년이 지난 2007년까지 기구 조직을 비교하여 볼 때 크게 변화했다. 물론 2007년 기독교대한감리회의 교세(교역자 8,930명, 교회 5,825개, 교인 1,534,504명)가[172] 합동할 당시인 1930년의 교세(1930.6~1931.5까지, 교역자 567명, 교회 735개, 교인 36,865명)보다[173] 몇 십 배(교역자 약 15배, 교회 약 8배, 교인 약 41배)로 증가하고 다양화한 사회 속에 있어 본부 기구 조직은 크게 변화할 수밖에 없다. 그러나 감리회의 정책을 수립하는 일이 감리회 본부의 중요한 업무이고 이 정책에 따라 실행해야 할 연회가 있다고 볼 때, 본부는 정책 전문가들이 정책을 수립하고 총회를 통해 그 방안과 대책을 결의하여 연회 중심으로 그 사업을 집행해 가야 할 것이다.

마치는 글

이 책을 마치는 글을 쓰면서 본인은 그 어느 분야보다도 이 책이 인기가 없다는 것을 잘 안다. 우리가 믿는 교리와 우리가 지켜야 할 법의 변천 과정을 작은 지면을 통해 다룬다는 것 자체도 지루한 일이지만, 이 책이 교인들에게 관심 밖의 일이라고 생각할 수 있기 때문에 더욱 그러하다. 그래서인지 기독교대한감리회 교리와 장정의 역사(교리와 제도의 변화를 중심으로)에 대한 연구 논문이나 이에 대한 특별한 강의가 거의 없다. 그런 와중에도 기독교대한감리회의 '총회 회의록과 교리와 장정'을 영인본으로 발행한 것은 매우 다행스런 일이다.

교리와 장정을 통해 들여다본 기독교대한감리회에는 자랑스러운 제도가 많다고 본다. 미국 감리교회 선교사들이 일하던 선교부 시대 때부터 실시한 '교역자 은급 제도'는 거듭 개선하고 보완하여 오늘날에는 어떤 목회자이든 은퇴한 후에 평생 하나님의 일꾼으로 일한 목회자로서 최소한의 은급비를 매월 받을 수 있도록 하였다. 또 어떤 면에서 감리교회는 분열이라는 아픔을 몇 차례 거치면서도 그리스도 안에서 하나라는 입장에 서서 다시 합동을 거듭하여 단일 교회로서의 긍지를 심어왔다. 그리고 속회 제도는 개체 교회의 활성화를 이루는 초석이 되었다. 평균 10세대를 전후한 단위로 구성된 속회 조직은 기독교대한감리회가 가지고 있는 최소 단위의 신앙 훈련의 장이다. 물론 속회 제도는 시대가 변하면서 새로운 개선 방안이나 제도로 계속 연구 개발되어져야 하는 과제를 안고 있다. 또 한 가지 감리교회의 감독 제도처럼 좋은 제도도 없다. 오늘날 같이 교회 지도자가 불신을 받고 있는 상황에서 존경받는 지도자가 감독으로 선임되어 평생 동안 교회와 교인들을 신앙으로 정책으로 잘 다스리는 일은 하나님의 교회를 선교 체제로 이끌어 가는 좋은 제도다.

기독교대한감리회의 교리와 장정의 역사는 정리되어야 한다. 이를 통하여 우리가 나아갈 방향이 제시될 수 있다고 보아서다. 그런데 그 자료가 너무 광범위하다. 그래서 나는 주로 교리의 변화와 제도 변화에 중점을 두었다. 교리는 1930년 미남감리교회가 합동할 당시의 교리(교리적 선언, 사회신경)가 제정된 이래 1997년에서야 '역사와 교리'라는 항목으로 교리와 장정을 정리해 주어 이제는 교인들도 쉽게 이해할 수 있게 되었다. 그러나 장정은 교리와는 다르다. 27차의 총회 또는 입법의회(1995년부터 입법의회가 2년마다 개최)가 개최될 때마다 거의 장정의 일부분을 개정하거나 또는 새 규정을 신설하였기에 한눈으로 정리하기가 쉽지 않다. 다만 감리교회가 자랑으로 여기고 특성으로 삼아온 의회 제도와 감독 제도에 따라 선교 체제로의 전환을 계획하였다는 점에 중점을 두고 다루었다.

교리와 장정의 역사를 통해 볼 때, 기독교대한감리회의 의회 제도(당회, 구역회, 지방회, 연회, 총회)는 그 틀을 벗어나지 않았다 해도, 그 대표를 선출하는 절차나 규정은 너무 획일적(정회원 목사의 수에 비례하여 선출하는 평신도 대표를 우선 장로들로 고정하고 남은 자를 선출)이어서 다양한 층의 참여가 어렵다는 단점을 가지고 있다. 감독 제도에 있어서도 현재 4년 전임 감독회장 제도이고, 또 연회감독이 다수(자립 연회로 운영할 수 없을 정도로 연회가 분할하여 조직)인데다가 2년 단임이어서, 연속성 있는 정책을 수립한다거나 집행하기가 어렵게 되어 선교 체제의 운영이 어렵고, 감독의 직임이 자칫 명예직에 그칠 우려가 높다는 지적도 있다.

기독교대한감리회의 교리와 장정의 역사와 함께 기독교대한감리회가 세계화 속에서 선교 체제로의 변화를 갈망하고 그 시대에 맞는 모든 것을 동원하여 교리를 정리하고 장정을 개정한다 할지라도 우리 모두가 여전히 만족할 만한 제도는 있을 수 없다는 것을 시인해야 한다. 그러나 이 교리와 장정을 믿고 행하는 교인들의 성품이 변화해야 한다는 것은 누구나 공감할 것이다. '내가 죄인이다', '내 잘못이다'라고들 말하고 회개함으로 하나님 앞에 바로 서는 사람들이 교회의 규약을 개정하고 지키고 책임을 맡아야 한다는데 우리 모두의 인식은 같다. 그러기에 법보다 하나님 앞에 서는 것이 급하다. 하나님의 영광을 위하여 일한다는 선교 체제로의 변화를 갈망하는 사람들이 모여 그 제도에 따라 조직하고 행하는 감리교회로 변화되고자 의회 제도도 감독 제도도 필요하다.

마지막으로 기독교대한감리회의 '제도 변천사'를 감리교회 차원에서 연구해서 하나님이 바라시는 제도가 잉태되기를 소망한다.

주

1) 기독교대한감리회가 1990년 자치 60주년을 맞아 발행한 '교리와 장정' 영인본 제1권(1993년 발행)을 참조하였음.

2) 미감리교회에서 발행한 '대강령과 규칙' (1910년)과 남감리교회에서 발행한 '도리급 장정' (1919년)의 서문 내용이다.

3) 김광우, 한국 감리교회 백년, 전망사, 1990, 간행사

4) 위의 책, pp.35~36.(민경배, 한국기독교회사, p.127, 재인용)

5) 위의 책, p.36.(J. S. Gale, Korea in Transition, 기독교사연구회 영인본, 1909, p.37, 재인용)

6) 가우처 박사는 볼티모어여자대학과 프린세스앤니 양성학교를 설립한 교육가이자 목사다.(신학세계, 제7권 5호, p.57에 게재된 내용임)

7) 앞의 책, 김광우, p.38.

8) 가우처는 조선에 선교사 파송이 없음을 확인하고 '細育糾' 의 편집인인 버클리 박사를 만나 조선 형편을 알리고 선교의 필요성을 피력하는 기사를 부탁하였다. 또 감리교 해외선교부 감독인 와일리(Wiley)에게 편지를 써서 극동에서의 미국 선교 활동 중 한국을 포함시켜 줄 것을 요청하였다.

9) 기독신보, 1934. 8. 22.

10) 한국 기독교의 역사 I, p.173.(매클레이는 미국 해외선교부의 요청을 받기도 했다.)

11) 앞의 책, 김광우, p.42.(기독신보, 1934. 2. 14과 6. 20의 내용을 인용함)

12) 당시 한국은 집권층인 김홍집 민영익 등이 청나라에 의존하여 개화 정책을 시도하였고, 그와 반대로 개화측인 김옥균 박영효 등은 일본의 혁신적인 면을 받아들여 개화하려 했다. 개화측은 우정국의 축하 만찬회를 이용하여 쿠데타를 시도하였으나 실패하게 되었다.

13) 배재학당이란 학교 이름은 고종이 지어 준 학교명으로, '유능한 인재를 가르치는 집' 이라는 뜻이다. 당시 학생 수는 7명이었다.

14) 앞의 책, 김광우, pp.53,54.

15) 한국 기독교의 역사 I, p.195.

16) 앞의 책, 김광우, pp.78~80에서 발췌하여 정리함.

17) 아이비병원은 1928년경에 50개의 침상과 6개의 병실을 갖추게 되었고, 현대식 식수 장치와 자동 온도 장치, X-ray 기계 등을 갖춘 현대식 병원으로 성장하였다(The Korea Mission Year Gook, p.119. 앞의 책, 김광우, p.82에서 재인용). 또 이곳을 통하여 마약 중독자들이 새 삶을 찾았으며 진료 과정에서 전해진 복음은 환자들에게 육체뿐만 아니라 영혼까지 치료할 수 있게 하였으며 많은 교회가 설립되도록 자극제가 되었다.(K.M.F. vol. 10, 1914. 7, po.201. 앞의 책, 김광우, p.82에서 재인용)

18) K.M.F., vol. 10. 1914, p.201, 김광우, 한국 감리교 백년사, 전망사, 1990, p.81 재인용.

19) 앞의 책, 김광우, pp.81~84에서 발췌하여 정리함.

20) 남감리교회에서 발행한 1899년 판 '남감리교회의 장정'이나 1915년에 발행한 '남감리교회의 장정 규칙'은 보관하지 않고, 1990년에 기독교대한감리회에서 발행한 '교리와 장정' 영인본에도 없어 1919년 발행한 '교리 및 장정'을 사용함.

21) 여기서 말하는 미감리교회의 '25개조 종교 강령'은 "1784년 존 웨슬리(John Wesley)가 영국 성공회의 39개조 종교 강령을 25개조로 줄여서 감리회의 종교 강령이라는 이름으로 발표했는데, 웨슬리는 39개조 중에서 칼빈의 예정론이 들어간 17조, 칼빈의 출교 정신을 반영한 33조, 영국국교회에서 영국 성공회가 세속 권세에 복종할 것을 강조하는 37조 등 모두 14개조를 삭제하고 25개조로 감리회의 종교 강령을 확정했다"고 기독교대한감리회(2007년 판)의 교리 편에서 정리해 주고 있다.

22) 미감리교회에서 발행한 '대강령과 규칙'(1910년), p.5,6,8.과 남감리교회에서 발행한 '도리급 장정'(1919년), p.4,6의 내용을 오늘의 글로 정리함.

23) 위의 주에서 밝힌 두 감리교회에서 발행한 책의 내용을 오늘의 글로 옮김.

24) 1919년 3·1 운동의 33인 대표자들 중에 감리교회가 9명이고, 이 운동이 전 민족적 운동으로 가담되면서 일본의 무차별 탄압이 가중되었다. 이로써 입은 피해를 김광우 목사는 이렇게 정리하였다.

1919년 6월 30일 통계를 보면, 3·1 운동에 연루된 피해 상황은 교회당 완전 파괴가 47동, 부분 파괴가 24동, 손해 41동이며, 투옥 교역자가 장·감 구분 없이 151명이며, 총이나 매를 맞고 죽은 신자가 46명으로 나타나 있다. 감리교의 경우, 연회원과 유급 교역자가 69명 체포되었다.(앞의 책, 김광우, p.97)

25) 미감리교회는 1910년 판인 '대강령과 규칙' 이고, 남감리교회는 1919년 판인 '도리급 장정' 이다.

26) 위의 책에서 각각 발췌하여 정리함. 내용은 현재의 한글로 정리함.

27) 기독교대한감리회 교리와 장정 영인본(제1권, 대강령과 규칙, 1910), p.2.

28) 위의 책, pp.15~16.

29) 위의 책, pp.42~43.

30) 위의 책, p.79.

31) 위의 책, p.84.

32) 위의 책, pp.85~86.

33) 위의 책, p.98.

34) 위의 책, pp.21~34.

35) 위의 책, p.157.

36) 위의 책, pp.64~65.

37) 위의 책, p.29와 p.30에 있는 선교 매 연회와 교회 선교회는 의회 제도에 삽입하지 아니함.

38) 위의 책, pp.15~43.

39) 위의 책, p.46.

40) 위의 책, p.88.

41) 위의 책, p.47.

42) 위의 책, pp.47~48.

43) 위의 책, p.49.

44) 남북감리교회가 합동할 당시 한국은 정치·경제·문화·종교 등, 모든 분야가 일본의 통치하에 제한을 받는 상황이었다.

45) 이 내용은 남북감리교회가 합동할 당시 전권위원회장이 1930년 12월 2일 제1회 총회석상에서 설교한 것을 기독교대한감리회 교리와 장정의 제1편 역사와 교리의 제1장 전권위원회라는 제목으로 게재한 내용에서 발췌하여

정리함.

46) 제1회 총회에서 총리사가 선임되어 총리원 산하에 전도국, 교육국, 사무국, 서무국을 두었다.

47) 기독교대한감리회 교리와 장정 영인본(제1권, 1930), pp.1~8.

48) 선교사 15명, 한국인 15명, 미국 남북감리회 감독 각 1명과 한국 교회 총리사 1명 등으로 조직된 중앙협의회는 남북 감리교회가 합동할 때 조직된 기구로 모교회와 한국 교회와의 관계, 선교사 그리고 선교비 보조 등을 취급하였다.

49) 다음은 정경옥 박사의 저서인 「기독교의 원리」(1995)에서 쉽게 설명한 교리에 대하여(p.21), 또 교리의 유래에 대한(p.22,24) 주요 내용의 글이다.

▶교리에 대하여 : 감리교인이 된다는 말은 어떠한 교리를 옹호하거나 특별한 의견을 고집하는 것이 아니다. 그러나 우리는 우리가 경험한 구원의 사실을 증거하지 않을 수 없다. 교리는 구원의 능력이라기보다 구원의 사실을 나타내려는 증거다.

▶교리의 유래에 대하여 : 구원의 근거는 성경에 있다. 감리교가 성서의 종교라는 것은 웨슬리가 이미 밝히 말하였다. … 그러나 성경 말씀이 우리에게 간명하면서도 조직적으로 기독교의 원리를 가르쳐 주고 있는 것은 아니다. 따라서 우리는 성서의 교훈과 경험을 기초로 기독교의 근본 원리를 정의하여, 우리가 그릇된 방향으로 빠지지 않고 바른 신앙의 길에 서도록 도와야 한다. … 영국 감리교에서는 영국 국교와 분립하여 따로 신조를 만들려 하지 않았다. 그들은 영국성공회의 '39강령'을 그대로 수용하고 있었다. 그러한 가운데 1785년 미국에서 따로 감리교가 조직된 후, 이 '39강령'에서 주요한 것을 수용하여 '25강령'을 만들어 감리교의 교리로 삼았다. 그리고 1832년에 약간의 수정을 가한 후, 1902년 총회에서 다시는 변하지 못할 '종교 강령'으로 인정하고 이를 공포한 것이다.

50) 미국 북감리교회는 1928년 5월 총회에서 통과되고, 미국 남감리교회는 1930년 5월 총회에서 각각 통과되었다.

51) 기독교대한감리회 총회록 영인본(제1권, 1930), pp.11~13.

52) 감리교측은 1897년 2월에 '조선크리스도인회보'를, 장로교측은 그 해 4월에 '그리스도 신문'을, 1905년 1월에 남북감리교회가 합동으로 '그리스도

인회보'를, 1906년에 장로교에서 '그리스도 신문'을 각각 발행하였다.

53) 앞의 책, 김광우, pp.121~122.

54) 정경옥 박사의 책「기독교의 원리」(1995년)에서 '교리상의 특질'에 대한 중
요 내용을 요약했다.

　▶감리교는 역사상으로 볼 때 처음부터 일정한 교리를 만들어 주장한 것이
없었다. … 그러면 감리교에는 아무런 교리적 특색이 없는가. 결코 그렇지
않다. 감리교의 특색 중에 가장 중요한 것 두 가지를 지적하자면, 하나는 **종
교 경험을 강조**하는 것이며, 또 하나는 선교 정신을 고취하는 것이다. 전자
를 경건주의라 한다면, 후자는 복음주의다.(pp.15~16)

　▶감리교는 극도로 제도화한 카톨리시즘을 반대하였다. 그리고 냉정한 교
리주의를 따르지도 않는다. 감리교는 생(生)의 종교를 가르친다. 하나님의
사유(赦宥)하시는 은사가 만민에게 미치기에 누구나 이 은혜를 믿음으로써
받으려는 사람은 충족한 구원의 은사를 받을 수 있다. 이로써 우리는 중생을
경험한다. 그리스도 안에서 새로 지음받는 경험을 얻게 된다. 이러한 중생의
경험이 없이는 참된 의미의 그리스도인이라고 하기 어렵다. 감리교는 이러
한 **중생의 경험을 첫째** 조건으로 하고 있다.(p.17) … 감리교회에서 중요하
게 생각하는 것은 **복음주의**다. … 구속의 경험을 다른 사람에게 전하여 그로
하여금 자신이 얻은 것과 같은 경험을 얻게 하는 것이다.(p.18)

55) 기독교대한감리회 교리와 장정 영인본(제3권, 1931), pp.37~39.

56) '그리스도인의 사랑은 예수 안에 있는 하나님의 사랑을 체험하는 데서 근
원하였고, 이 사랑을 받음으로써 다시 삶을 얻어 움직임으로 나타나는 것
이다. … 요한서신에는 사랑하는 자들아 하나님이 이같이 우리를 사랑하셨
은즉 우리도 서로 사랑하는 것이 마땅하도다(요일 4:11)라고 하였고'(정경
옥, 기독교의 원리, p.106)

57) '기도는 하나님께서 우리를 위하여 무엇을 하려고 하시는가를 찾아보려는
것이며, 하나님의 영원하신 법도에 우리를 순응케 하려는 노력이라고 할
것이다. 기도는 우리의 욕망을 채우기 위하여 하나님의 초자연적 원조를
받으려는 수단이 아니라, 하나님의 뜻이 이루어지기 위하여 몸과 마음을
바치는 신뢰의 태도다.'(정경옥, 기독교의 원리, p.107)

58) '사유(사유, 죄를 용서하심)란 말은 하나님의 순수 은혜가 나타나서 우리에

게 하나님의 가장 좋은 것을 주시고, 자기 자신을 주셔서 우리의 몸이 참되고 풍족한 생명을 수유하게 하시며, 우리가 행하는 일이 하나님의 뜻으로 충만하게 하시려고 사람에게 비록 약점과 실패가 있다 할지라도, 이것을 조건 삼지 아니하시고 하나님께서 끝까지 자비를 베푸사 사람과 사귀시며 사람을 바로 잡아 생명과 진리로 살게 하시려는 뜻과 이를 변치 않고 행하신다는 것이다.' (정령옥, 기독교의 원리, p.102)

59) '우리는 하나님의 은혜가 모든 사람에게 그 요구되는 대로 넉넉히 주시지만, 우리가 받는 은혜에 차이가 생기는 것은 사람이 책임져야 할 환경과 유전과 개인의 도덕적 생활의 결과 때문이라고 해석한다.' (정경옥, 기독교의 원리, p.110)

60) 기독교대한감리회 총회록 영인본(제1회 총회록, 1930. p.29)과 앞의 책, 김광우, pp.138~139를 참조하여 정리함.

61) 앞의 책, 김광우, p.155에서 재인용(정경옥, 기독교 원리, 감리교신학교, 1935)한 것을 요약하고 정리하였음.

62) 기독교대한감리회 교리와 장정 영인본(제4권, 1934) p.27, 제1편(역사와 교리) 제4관 장정 제정의 목적

63) 기독교대한감리회 교리와 장정 영인본(제3권, 1931년) 제2편 제4장(헌법) 5관 조직에 관한 사항임.

64) 앞의 책, 김광우, p.147.

65) 위의 책, pp.82~111에 의회의 종별과 그 조직과 직무가 규정되었는데, 그 중요 사항을 간략하게 정리하면 다음과 같다.

당회는 그 교회에 속한 모든 입교인과 정식으로 관계된 연회원들로 조직하고, 1년 일한 임원과 구역회 추천할 회원을 정리한다.

구역회는 담임목사와 구역 안에 본처 목사, 본처 전도사, 권사 유사, 속장, 탁사, 주일학교장, 엡윗회장, 당회 서기, 선교회장, 당회 안 각 부 위원장들과 그 구역 안에 거주하는 연회 회원들로 조직하고, 1년에 두 번 모여 당회 임원 추천 투표하고, 지방회 대표 선출, 재산 사무 처리 등이다.

지방회는 그 지방 안에 거주하는 연회원, 본처 목사, 본처 전도사들과 각 구역 권사 대표, 속장 대표, 유사 대표, 탁사 대표, 주일학교장 대표, 엡윗회장 대표, 선교회장 대표 각 1인씩으로 조직하고, 선교, 교육, 사회사업 등을 장

러하고 진흥 확장하며, 각 교역자 보고 등을 받는다.

연회는 연회 정회원들과 각 지방에서 그의 동수로 택한 평신도 대표자들로 조직하고, 교역자의 품성과 그들의 파송, 자격심사위원(4년)을 선출하여 교역자를 심사, 휴직, 은퇴를 심리하고, 지방 사업을 계획하며 보고를 받는다.

총회는 각 연회에서 목사 5인에 대하여 1인씩만 택한 대표자들과 그 동수로 선택한 평신도 대표자들로 조직하여, 4년마다 모여 모든 법률과 규칙을 제정하고, 각 사업 방향과 사무 등을 처리한다.

66) 1930년 제1회 총회에서 정한 연회는 동부연회(철원, 원산, 춘천, 원주, 강릉), 중부연회(개성, 개성북, 인천, 수원, 이천, 천안, 공주, 홍성, 경성 9지방), 서부연회(연변, 평양, 진남포, 사리원, 해주), 그리고 선교연회(원 미감리연회 만주지방, 원 남감리 서비리아선교연회 간도지방)로 경계를 가지고 조직하였다.(제14장 1,2관, p.169)

67) 제2회 기독교조선감리회 총회(1934년)의 총 회원은 목사 대표 41명(서부 9, 동부 6, 중부 25, 만주 1), 평신도 총대도 41명으로 모두 82명이었다. 또 교세는 24개 지방, 767개 교회, 215의 기도처, 183명의 교역자, 6만여 명의 교인이었다.

68) 기독교대한감리회 교리와 장정 영인본(제4권, 1931), p.43.

69) 위의 책, pp.77~79.

70) 총리원 운영의 원칙 세 가지 제안

    1. 창립할 때에 가진 일원주의(一元主義)를 실현하며 교회 전체로 하여금 총리원이 우리 교회 사업에 유일한 본부인 것을 인식케 할 것.

    2. 조직은 실제화하며 간단화하여 명실이 여일(如一)케 할 것.

    3. 총리원은 총회 기간에 총회실행부가 되게 할 것.

71) 앞의 책, 김광우, pp.187~188에서 제도에 관한 주요한 부분을 발췌함.

72) 위의 책(1939년 판), p.30.

73) 위의 책, pp.58~59.

74) 앞의 책, 김광우, p.163.

75) 기독교대한감리회 교리와 장정 영인본(1935년 판), pp.67~68.

76) 기독교대한감리회 교리와 장정 영인본(제4권, 1935년), p.74.

77) 위의 책, pp.70~71.

78) 중앙협의회는 모교회와 한국 교회와의 관계, 선교사와 한국 교회와의 관계 등 선교사 문제와 선교비 보조 문제를 취급하는 모임으로 1931년 2월 16일 첫 모임을 가졌다.

79) 앞의 책, 김광우, pp.163~164.

80) 위의 책, pp.221~222.

81) 위의 책, pp.309~311.

82) 위의 책, pp.314~316.

83) 총회에 관한 규칙은, 1) 총회 기간을 4년에서 2년으로(38선 폐기 때까지) 2) 경성(京城)을 서울로 3) 감독 자격의 연령을 36세에서 40세로 4) '조선'을 '대한'으로 개정하면서 기독교대한감리회라는 명칭으로 변경되었다.

84) 기독교대한감리회 총회록 영인본(제3권, 1962) p.83.

85) 기독교대한감리회 교리와 장정 영인본(제5권, 1959) p.61의 107단 제13조 '감리사의 자격' 3항임

86) 앞의 책, 김광우, pp.405~406.

87) 1975년 11월 경기연회와 갱신측이 통합하였음.

88) 기독교대한감리회 총회록(제3권, 1974), p.46.(회의록에는 조피득 목사가 퇴장 선언문을 낭독하였다고 기록)

89) 위의 책, P.413.

90) 기독교대한감리회 총회록 영인본(제4권, 1974) p.3.

91) 이성삼, 한국감리교회사(1945~1998), 신앙과 지성사, 2000, p.221에서 정리함.

92) 위의 책(제3권, 1974~1978), pp.91~123.

93) 기독교대한감리회 총회록 영인본(제4권, 1978), pp.70~71.

94) 기독교대한감리회 총회록 영인본(제3권, 1966), p.65.

95) 위의 책, p.66.

96) 기독교대한감리회 교리와 장정 영인본(제7권, 1967), pp.47~49.

97) 기독교대한감리회 교리와 장정 영인본(제8권, 1975), p.44.

98) 위의 책(제7권, 1967), p.58.

99) 1978년 갱신측과의 합동총회 과정에서 주목을 끈 장로 총대의 규칙 개정안 의 내용은 '감리교단의 정상적인 운영과 교회 안에서의 민주주의 확립과 지도력 집결을 위해 개체 교회의 담임목사와 그 교회 장로들로 중직회를

구성한다' 는 '중직회' 문제로, 장시간 논의되다가 중직회에 대한 8인 협의
위원회에서 연구하여 보고받아 결의하였는데, 그 8인 협의회의 합의사항이
구역인사위원회의 구성 내용으로 그 주요 내용은 다음과 같다.(이성삼, 한국
감리교회사 1945~1998, 신앙과 지성사, 2000, p.232에서 참조하여 정리)

1. 모든 위원회는 교역자와 평신도를 동수로 하는 것을 원칙으로 한다.
2. 중직회는 기획위원회로 하고, 상근 직원들이 인사 문제와 당회에 신천장
   로 천거, 권사, 집사, 교회학교장 및 기타 임원을 공천하고 기타 제반 문
   제를 협의한다.
3. 구역회 안에 인사위원회를 두며 위원은 구역회에서 선출한 지방회 대표
   로서 구성하되 위원장은 감리사 또는 감독이 된다.
4. 인사 처리는 위원 과반수의 출석과 출석 위원 3분의 2 이상의 가표를 얻
   어 처리한다.

100) 기독교대한감리회 총회록 영인본(제3권, 1967), pp.66~68.

101) 위의 책(제5권, 1978), p.69(감독의 말씀).

102) 이 선언 중에 교회 성장이라 면에서 '불안과 공포에 떨고 있는 현대인에
     게 그리스도의 복음이 유일한 해결책임을 인식하여 복음 선교로 5천 교
     회 100만 신도화 운동에 매진한다' 고 밝히고 있다.

103) 기념사업으로 1) 선교 분야에서 신학백서, 선교백서 정립, 훈련 교재 발
     간, 100주년 기념교회 설립, 100주년 기념 개척 교회 설립, 은급 및 연금
     사업, 국외 선교사 파송, 훈련원 건립, 2) 기념행사 분야에서 역사 정리,
     각종 기념품 발행, 순교자 기념교회 건립, 100주년 기념 감리교 센터, 감
     리교 박물과 유적지 지정, 입선 선돌 교육과 건립 보조 등.

104) 기독교대한감리회 총회록 영인본(제3권, 1974), 부록 p.97 '감독의 말씀'
     (1977년 12월에 제3차 특별총회 시)에서는 '1974년 10월에 열렸던 정기총회
     는 5천 교회 100만 신도 운동의 결의' 또 이어서 '1차년도 목표(1976년)인
     170교회와 4만 5천 신도의 결실을 이룩했고' (p.98)라고 기록했다.

105) 앞의 책, 김광우, pp.415~416.

106) 기독교대한감리회 총회록 영인본(제5권, 1978), 부록 pp.95~109(15페이지).

107) 위의 책(제5권, 1980), 부록 pp.92~93.

108) 제14회 총회 부록 p.93, 제15회 총회 부록 p.80, 제16회 총회 부록

pp.90~91, 제17회 총회 부록 p.12에 게재된 선교국 보고의 통계를 집계하여 낸 통계표임.

109) 위 표에서와 같이 1975년 약 1,600여 교회에서 1980년에 약 2,500교회로, 1975년 약 37만여 명에서 1980년에 약 72만여 명의 교인으로 증가하였다.

110) 앞의 책, 김광우, pp.441~445.

111) 기독교대한감리회 교리와 장정 영인본(제9권, 1979), pp.82~83.

112) 위의 책(제9권, 1981), p.120.

113) 위의 책(제3권, 1974), 부록 p.66.

114) 감독회에서 확정된 5개 연회는 다음과 같다.

　　서울연회 : 서울 전역

　　중부연회 : 경기도 일대

　　동부연회 : 강원도와 충청북도

　　남부연회 : 충청남도 일대

　　삼남연회 : 경상남북, 전라남북 및 제주도 전역

115) 전국을 83개 지방으로 조직하였는데, 연회별 지방수는 다음과 같다.

　　서울연회(15), 중부연회(27), 동부연회(16), 남부연회(14), 삼남연회(11)

116) 갱신측의 분열로 1978년 중앙연회가 탄생함에 따라 5개 연회(중부·동부·남부·중앙·삼남)였으나, 중앙연회는 지역의 경계 없이 전국적으로 조직이 되어 있는 상태였다. 그러나 법 개정으로 조직연회가 개최됨으로써 연회의 경계는 행적적으로 분할되어 통일성 있게 5개 연회(서울·중부·동부·남부·삼남)로 조직연회를 갖게 되었다.

117) 기독교대한감리회 총회록 영인본(제6권, 1984), 부록 p.81.

118) 기독교대한감리회 교리와 장정 영인본(제8권, 1975), p.26.

119) 기독교대한감리회 교리와 장정, 1997년 판, p.59.

120) 기독교대한감리회 교리와 장정, 1996년 판, '장정 전면 개정에 즈음하여'(장정개정위원회 위원장의 글).

121) 위의 책, '장정편찬위원회 위원장의 글'

122) 기독교대한감리회 교리와 장정, 1998년 판, p.19.

123) 기독교대한감리회 교리와 장정, 1998, pp.19~22.

124) 위의 책, pp.22~24.

125) 위의 책, pp.24~27.

126) 위의 책, 장정개정위원장이 쓴 '새로운 장정 개정에 붙이는 글' 중에서

127) 위의 책, p.28.

128) 위의 책, p.35.

129) 위의 책, pp.35~38.

130) 위의 책, pp.39~42.

131) 위의 책, p.43.

132) 위의 책, pp.44~45

133) 사회신경의 내용을 확인할 수 없고, 1997년 10월 입법의회에서 사회신경을 개정한 내용에서 1930년에 사회신경을 채택하였다고 기록하고 있음.

134) 기독교대한감리회 교리와 장정, 1996년 판, p.37.

135) 기독교대한감리회 교리와 장정, 1998년 판, pp.45~47.

136) 1978년 10월 제13차 정기합동총회서 4개 연회 감독(동부, 중부, 남부, 중앙)을 선출하고, 법에 따라 감독들의 감독회를 조직하였으며, 임기는 2년을 나누어서 감독회장의 직무를 수행하였다. 이때는 총회에서 직접 선출하는 감독회장이 아니었다.

137) 기독교대한감리회 교리와 장정, 1981년 판, p.115.

138) 위의 책, p.121.

139) 감독회 간사는 1명, 선교국은 총무에 국내외 선교부와 사회복지 사업부를, 교육국은 총무에 교회교육부와 문화교육부를, 평신도국은 총무에 전도부와 문화사회부를, 재단사무국은 총무를 두어 각각 그 직무를 수행하였다.

140) 1981년 판부터 1998년 판의 기독교대한감리회 교리와 장정에서 발췌하여 정리함.

141) 7천 교회 200만 신도 운동은 1986년부터 1995년까지 실시하였다. 교회 설립과 폐지의 통계는 다음과 같다.

	86년	87년	88년	89년	90년	91년	92년	93년	94년	95년	계
교회 설립	131	153	148	158	184	160	142	162	136	145	1,519
교회 폐지	6	2	12	13	17	11	15	22	7		105

이 통계는 앞의 책(이성삼)의 p.307 통계표에서 발췌하여 정리함.

142) 기독교대한감리회 교리와 장정, 2005년 판, p.111.

143) 비서실의 직무 : 1) 감독회의 행정에 관한 사항 2) 총회 및 입법의회의 행정에 관한 사항 3) 감독회장에 대한 비서 업무 4) 감리회 역사 자료 수집 및 관리, 감리회 정보화 사업, 목회자와 교회 정보 관리, 인터넷 서버 운영에 관한 업무 5) 감리회 정책과 사업에 대한 기획 업무, 각 국 정책 업무의 조율, 업무 협조 및 홍보에 관한 업무.

144) 기독교대한감리회 교리와 장정 영인본(제9권, 1981년 판), p.131.

145) 기독교대한감리회 교리와 장정, 1998년 판, p.180.

146) 위의 책, 1999년 판, p.106의 감독회장의 직무 9항에 보면 '감독회장은 각 국의 위원회(이사회)에서 선출한 총무를 임면한다'로 되어 있다.

147) 기독교대한감리회 교리와 장정, 1999년 판, p.69.

148) 감리회는 1978년까지 전임 4년제 감독 제도를 운영하였으나, 1976년부터 연회 다원 감독제를 병행하여 오다가 1978년에 완전 연회감독 제도로 변경하였다.

149) 2004년도 감리회 본부 연회보고서, p.46.

150) 2005년 본부 정책자료집, p.7.

151) 2007년 감리회 본부 연회보고서, p.43.

152) 위의 책, pp.71~72.

153) 2008년도 감리회 본부 연회보고서, p.55.

154) 위의 책, pp.69~72.

155) 기독교대한감리회 교리와 장정, 1999년 판, p.293.

156) 위의 책, 2001년 판, pp.308. 2003년부터는 '교역자 수급 및 고시위원회'로 명칭이 변경됨.

157) 위의 책, 2003년 판, p.296.

158) 위의 책, 2007년 판, p.388.

159) 교역자 수급 및 신학교육 대책 포럼에서 준비한 자료 가운데 첨부 자료에 의함.

160) 위의 책, 2003년 판, 287~289. (서울, 서울남, 경기, 중앙, 동부, 충북, 남부, 충청, 삼남연회), 미주선교연회, 서부선교연회.

161) 중앙연회는 1981년 조직연회가 실시될 때까지 행정적으로 분할하지 않고

1974년에 분열한 갱신측 총회에 속한 교회가 중앙연회로 조직하였다.

162) 기독교대한감리회 교리와 장정, 1996년도 판, p.268., 1997년도 판, p.283., 1999년도 판, p.281.

163) 동부연회 연회록(1998년, p.93, 2008년, p.155)과 충북연회 연회록(1998년, p.37, 2008년, p.122)을 참조하여 쉽게 볼 수 있도록 정리하였음.

164) 기독교대한감리회 교리와 장정, 2003년 판, p.289.

165) 위의 책, 2005년 판, pp.151~152.

166) 위의 책, 1996년 판, p.264.

167) 위의 책, 1999년 판, p.285.

168) 위의 책, 2005년 판, p.351.

169) 기독교대한감리회 교리와 장정 영인본(제3권, 1931년 판), pp.112~127.

170) 1978년 제13회 총회에서 '총리원'을 '감리회 본부'로 변경하기로 결의하였다.

171) 본부 조직에 변화를 준 입법의회를 몇 부분으로 구분하였고, 기독교대한감리회 교리와 장정의 '기독교대한감리회 본부'의 목적과 조직에서 발췌하여 요약하고 그 특징을 정리하였음.

172) 2008년도 감리회 본부 연회보고서, p.26.

173) 앞의 책, 김광우, p.173.

기독교대한감리회
「교리와 장정」의 역사

초판 1쇄 2010년 10월 29일

전성성 지음

발 행 인 I 신경하
편 집 인 I 김광덕

펴 낸 곳 I 도서출판 kmc
등록번호 I 제2-1607호
등록일자 I 1993년 9월 4일
            (100-101) 서울특별시 중구 태평로1가 64-8 감리회관 16층
            (재)기독교대한감리회 출판국
대표전화 I 02-399-2008   팩스 I 02-399-4365
홈페이지 I http://www.kmcmall.co.kr
            http://www.kmc.or.kr
디 자 인 I 밀알기획 02-335-6579

값 9,000원

ISBN 978-89-8430-497-0   03230